시니어 , 길을 걷다

시니어, 길을 걷다

정만성 지음

양평기행, 그리고 남양주, 인천, 동두천, 춘천편

다차원북스

머리말

시니어를 위한 길

전편에는 길에게 길을 물었다

이 책은 '필요한 만큼 골라 걷는다'이다

그 길은 시원하고 편안하고 쉽고 상쾌하며

정해진 둘레길 외 근처 둘레길들을 소개하면서 걷는다

차마고도를 걷는 것과 백두산 둘레길 걷는 것과

느낌과 감정은 다르겠지만 오감이 주는 만족도는

별반 차이가 없으리라,

아름답다를 글로 표현하기엔 뭔가 부족하다는 느낌의 정경도 있다

그냥 걸으며 생각하며 한 권의 여행서다

돌아보지 않으면 추억할 수 없다

추억이 없으면 모두를 잃고 만다

머무르고픈 그리운 순간은 있어야 하지 않은가?

삶은 발걸음의 역사다

그 한 걸음을 모아 역사를 만든다

강물이 세상의 희로애락과 무관하게 무심히 흐르기만 한다

그 강물과 우리 인생길은 유사하지 않은가?

그 시간 속에서 우리 인생을 천천히 과정을 즐기며 걸어보자

기존 걸어온 길들의 추억을 새기며 새 길을 만들며 걸어보자

그러나 길은 줄지 않고 부담만 늘고 몸은 점점 자유롭지 못해지고 있다

하지만 걸을 때까지 걸어보자 그 길을

이번 시니어를 위한 기행서는

철저하게 대중교통과 철저한 편안함과 안전을

그리고 심적 부담을 줄이고 비용을 고려했다

참고로 양평 물소리길은 군에서 제정한 코스는 6개 코스인데

코스 중 소개할만한 코스를 (—) 로 표기 추가했다.

2020년 4월.

정만성

|차 례|

머리말 4

Part 1 양평 물소리길 12

양평 물소리길 안내 14

물소리길 1코스 문화유적숲길 양수역~신원역 20

물소리길 1-1코스 두물머리 물레길 양수리~용담리 순환 28

물소리길 1-2코스 자전거길 양수역~신원역 38

물소리길 1-3코스 부용산 넘이 길 양수역~부용산~신원역 46

물소리길 2코스 터널이 있는 기찻길 신원역~국수~아신역 60

물소리길 2-1코스 터널이 있는 자전거길 신원역~국수~아신역 72

물소리길 2-2코스 청계산 국수역~형제봉~청계산 76

물소리길 3코스 강변이야기길 아신역~오빈역~양평역 88

물소리길 4코스 버드나무 나루께길 양평역~원덕역 98

물소리길 5코스 흑천길 원덕역~용문역 106

물소리길 6코스 용문산 은행나무길 용문역~용문산관광지 111

물소리길 6-1코스 용문 꼬부랑길 용문역~꼬부랑산~다문리 꽃길 121

Part 2 걷기 좋은 둘레길 126

남양주 다산길 2-3코스 팔당역~운길산역 128

인천둘레길 12-13코스 서울역~인천역, 동인천역 142

동두천 소요산 공주봉 코스 서울역~소요산 158

춘천 공지천 의암호, 춘천호, 소양호 코스 174

Part 3 걸으며 생각하며 186

한 해를 돌아보고 보내는 길 위에서 (2016년 12월 24일) 188

새로운 변화를 꿈꾸며 (2016년 12월 30일) 189

다름에 대한 마음을 (2017년 1월 10일) 190

내일도 그 길을 걸어갈 것이다 (2017년 12월 6일) 192

넘어진 김에 쉬어간다(중환자실에서) (2017년 3월 9일) 194

오늘이 왔다 반가움이다 (2017년 5월 5일) 196

고추잠자리 (2017년 9월 22일) 197

지심이 농심이더라 (2017년 9월 26일) 198

또 추석이다 보름달이다 (2017년 10월 3일) 199

산 사과가 익어간다 (2017년 10월 29일) 200

길 떠남은 (2017년 11월 10일) 201

길의 선택 (2017년 11월 19일) 202

콩 심은데 꼭 콩이 난다 (2017년 11월 20일) 203

호랑가시나무 홀리 축제 (2017년 11월 25일) 204

오늘도 그 길을 (2017년 11월 21일) 205

볼품없는 산일지라도 (2017년 12월 7일) 206

점점 멀어져간 것들 (2017년 12월 8일) 207

흘러가는 구름이어라 (2017년 12월 20일) 208

행복은 지금 어디에 (2018년 1월 6일) 209

친구야 잊지마 (2018년 1월 22일) 210

마음이 흔들릴 때 (2018년 1월 25일) 212

당신을 응원합니다 (2018년 1월 27일) 213

세월이 간다고 (2018년 2월 5일) 214

봄이 온다하기에 (2018년 2월 26일) 216

어느 노병의 자녀 결혼식 (2018년 3월 10일) 217

외로움도 삶이다 (2018년 3월 30일) 218

흐름의 미학 (2018년 4월 5일) 219

꽃이 피었다 꽃이 진다 (2018년 4월 6일) 220

화무십일홍이라 (2018년 4월 16일) 221

잠시 맑은 공기 마시러 (2018년 4월 25일) 222

모처럼 시골 면소재지 기행 (2018년 4월 30일) 223

눈물이 나올 때까지 (2018년 5월 25일) 224

農心은 勤心, 걱정이더라 (2018년 6월 8일) 225

가도 가도 알 수 없는 길 (2018년 8월 14일) 226

조금씩 잊혀져간다 (2018년 10월 27일) 227

걱정 (2018년 11월 13일) 228

내가 걷는 이유 (2018년 11월 14일) 229

늘 다른 길 (2018년 12월 5일) 230

인생 (2018년 12월 9일) 231

급변하는 세상에 (2018년 12월 8일) 232

인연의 고마움 (2018년 12월 12일) 233

보내고 맞으며 (2018년 12월 18일) 234

세월과 인생의 길의 조화 (2019년 1월 4일) 235

우리는 미완의 인생이다 (2019년 2월 3일) 236

눈에서 멀어지면 (2019년 2월 15일) 237

공자의 눈물 (2019년 2월 20일) 238

봄 자네 왔는가? (2019년 3월 1일) 239

살다보니 알 것 같다 (2019년 3월 5일) 240

꼬부랑 부부 꼬부랑길을 가다 (2019년 3월 7일) 241

권력이 부엌에서 나온다고 (2019년 3월 22일) 242

청계산이 총체적 몸살을 앓고 있다 (2019년 3월 26일) 244

그 길을 가야했다 (2019년 4월 11일) 246

벼슬재 구름이 여유롭다 (2019년 5월 10일) 247

운수 좋은날 茶山길 (2019년 5월 21일) 248

농심이 제1장 고구마 밥상 (2019년 7월 13일) 249

농심이 제2장 오이 가지 무침 (2019년 7월 15일) 250

농심이 제3장 과일밭 요리 (2019년 7월 17일) 251

길을 또 묻는다 (2019년 7월 26일) 252

장맛비 그친 산속의 아침 (2019년 7월 31일) 253

농심이 제4장 다시 잡초 속으로 (2019년 8월 18일) 254

오늘도 그 길에서 (2019년 9월 13일) 256

아름다운 갈림 길 (2019년 12월 12일) 257

그 길과 나 (2019년 12월 15일) 258

쉬엄쉬엄 (2019년 12월 20일) 260

입원날, 퇴원날 (2019년 12월 31일) 261

지금은 이 길이다 (2020년 1월 5일) 262

Part 1

양평 물소리길

양평 물소리길 안내

문화유적길
양수역~신원역

강변이야기길
아신역~양평역

용문산 은행나무길
용문역~용문산 관광지

터널이 있는 기찻길
신원역~국수역~아신역

버드나무 나루께길
양평역~원덕역

흑천길
원덕역~용문역

〈양평 물소리길 전체 코스〉

구분	내역	거리	소요시간
1코스 문화유적숲길	양수역~신원역	9.4km	4~5시간
2코스 터널이 있는 기찻길	신원역~국수역~아신역	7.9km	3~4시간
3코스 강변이야기길	아신역~양평역	10.2km	4~5시간
4코스 버드나무 나루께길	양평역~원덕역	10.8km	4~5시간
5코스 흑천길	원덕역~용문역	6.2km	3~4시간
6코스 용문산 은행나무길	용문역~용문산 관광지	10.7km	4~5시간
1-1 두물머리 둘레길	양수리~용담리 순환	10km	4시간

〈2018. 12. 30 현재〉

양평 물소리길 변천사

물소리길은 자연 속에서 몸과 마음에 평화를 얻고, 도시의 삶에서 찌들었던 몸과 마음을 재충전하는 물소리길을 만들어가겠다며 제주 올레길을 만든 서명숙 이사장(사단법인 제주올레)과의 인연으로 2013년 4월에 만들어진 길이다.

1차 이 길은 북한강과 남한강이 만나는 두물머리가 보이는 지하철 양수역에서 시작해 양평전통시장을 지나 양평역까지 총 30.2km 구간의 3개 코스를 만들었다.

이 길은 남한강을 따라 걸으며 흙과 자연을 접할 수 있는 나그넷길 이다. 특히 인구가 집중된 수도권에 위치한 데다 용문까지 연결되는 전철역이 있기 때문에 누구나 가벼운 마음으로 쉽게 찾아 바쁜 일상에서 벗어나 쉴 수 있다는 것이 제주 올레길보다 더 뛰어난 장점이라 할 수 있다.

2차 4, 5코스 2015년도에 각각 개장되었고, 2018년도에 전체 6개 코스로 조정 개장되었다

물소리길 1코스(양수역 ~신원역)

양수역에서 출발해 신원역까지 이어진 물소리길 1코스는 9.4km 로 부용산 약수터 등이 자리하고 있다. 이동시 4~5시간 소요되며 용 담미 을 입구~산앙산삼밭~여운형 생가 기념관~신원역 다양한 볼거

리와 즐길거리가 마련돼 있다.

　1코스의 시작 지점에는 두물머리가 보인다. 두물머리라는 이름은 두 개의 물줄기가 만나는 곳이라는 의미를 지니고 있는 양수리의 순 우리말에서 유래됐다. 400년 된 느티나무와 물안개가 절경을 이룬 이곳에서 각종 영화·드라마·CF 등이 촬영됐다.

　또한 민족의 자주독립과 평화통일에 이바지한 몽양 여운형 선생의 생가와 기념관도 코스에 자리하고 있다. 특히 기념관의 경우 여운형 선생이 서거 당시 입었던 혈의, 장례식에 사용된 만장, 서울 계동집 에 있던 책상, 2008년 추서된 건국훈장 대한민국장 등의 유품과 자 료를 전시해 선생의 삶과 정신을 체험할 수 있도록 꾸며져 있다.

물소리길 2코스(신원역~국수역~아신역)

물소리길 2코스는 신원역~국수~아신역으로까지 총 7.9km의 길로 3~4시간이 소요된다. 2코스는 남한강 강변을 따라가면서 시원한 풍경화를 감상할 수 있고, 특히 구 철길을 따라 자전거 코스와 함께 3개의 터널을 지날때마다 시원함과 아름다운 이벤트를 감상할 수 있다.

물소리길 3코스(아신역~오빈역~양평역)

3코스는 아신역~오빈역~양평역으로 이어지는 10.2km 3~4시간 소요

아신역 주변에 산수유마을과 산길를 오르내리는 재미와 함께 들꽃수목원과 천주교 양근성지를 둘러보고 나면 240년 전통에 500여개 점포가 있는 양평시장에서는 매주 토요일 10시부터 주말 직거래시장이 열리고 3·8일마다 5일장이 선다. 양평시장을 지나 조금만 더 가면 양근 나루터가 나온다. 이 나루터는 당쟁이 한창 심하던 광해군 시기 혼란한 정치에서 빠져나온 이들이 마음의 휴식을 찾아올 만큼 정경이 아름답다.

물소리길 4코스 버드나무 나루께길(양평역~ 원덕역)

양평역에서 10.8km 4~5시간 소요

남한강을 따라 걷나보넌 눌빛이 검다고 해서 '흑천'이라 이름 붙여

진 하천이 나온다.

전국적으로 유명한 양평 해장국이 이곳에서 유래되었다. 양평 해장국은 조선 후기에도 유명해 서울의 돈 많은 한량들이 겨울에 한강이 얼면 그 얼음길을 이용해 양평의 해장국을 한양까지 주문해 배달해먹었다는 기록이 남아있기도 하다. 흑천을 따라 올라가면 추읍산이 있다. 《조선왕조실록》에도 실려 있다고 한다.

양평 물소리길 5코스 흑천길(원덕역~용문역) 일명 黑川(흑천)길

거리는 6.2km 짧으면서 물소리도 가장 많이 듣고 가장 편하게 걸을 수 있는 길이며 소요시간은 2~3시간이면 된다. 추읍산을 지나면 용문면이 나타난다. 용문면은 정철의 《관동별곡》 중 한 구절인 "말을 갈아타고 흑수로 들어가니 섬강이 어디더냐 치악이 여기로다"란 구절에서 나오는 '흑수'에 해당하는 지역이다. 흔히 여주로 알려져 있지만 당시의 길과 행정구역을 비교해보면 흑수는 용문면이다. 이곳에는 5·10일장이 서는데 조선시대 임금에게 진상품으로 올릴 정도로 질이 좋았다는 산나물과 채소가 유명하다.

양평 물소리길 6코스 용문사 가는 길(용문역~용문사)

물소리길 마지막 코스로 10.7km로 산을 두 번 넘는다. 소요시간은 4~5시간 정도 소요된다. 코스의 끝자락에 위치한 상원사에는 우리나라 최초의 '제야의 종' 타종 행사 때 쓰였다는 설이 있는 상원사 동종을 볼 수 있다. 용문사에서 끝나는데 신라의 마지막 왕인 경순왕의 아들인 마의태자가 심었다고 전해지는 수령이 1,100년 이상인 은행나무를 볼 수 있다. 또한 용문사가 위치한 용문산은 산세가 웅장하고 경관이 아름다워 예전부터 '경기도의 금강산'으로 불렀다.

앞으로 용문, 단월, 지평, 청운 등 동부권으로 코스를 연장할 계획이다. 양평군수는 "제주올레와 협력해 개발한 수도권에서 가장 접근하기 쉽고 아름다운 풍광을 지닌 도보여행길"이라며 "수려한 자연환경과 고향 같은 생활문화를 체험하고 일상의 피로를 푸는 힐링 명소가 될 것"이라고 말한다.

서명숙 제주올레 이사장은 6년간 수많은 루트를 탐사한 제주올레의 노하우를 최대한 쏟아부은 코스라며 토목 작업을 배제하는 대신 자연과 역사, 문화를 그대로 살려 양평의 매력을 가장 잘 보여주는, 고향 같은 길이라고 말한다. (양평 물소리길 제공)

물소리길 1코스 문화유적숲길 양수역~신원역

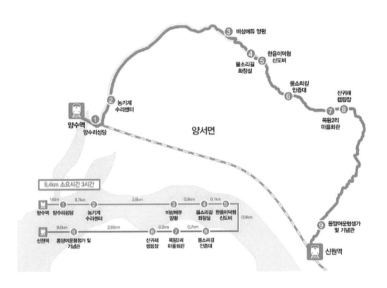

코스 양수역-양수역-부용교-하계산-이덕형 신도비-물소리길 인증대-목왕2리 마

을회관-부용산 자락길-몽양 여운형 기념관-신원역

거리 9.4km

소요시간 3~4시간(양평군 홈페이지에 나와 있다)

역 정보

양수역(두물머리역 : 물소리길 출발지)

대중교통 : 경의중앙선 용산~양수역 44km, 70분 소요, 교통카드 1,950원

2017년 일 평균 이용객승차 : 2,228명, 하차 : 2,238명

양수역(兩水驛)은 경기도 양평군 양서면 용담리에 위치한 중앙선의 전철역이다.

현재 수도권 전철 경의중앙선의 전동열차만이 정차하며, 모든 열차 무정차 통과 양수라는 역명은 북한강과 남한강, 두 개의 물줄기가 합류한다 하여 생긴 동네 이름, '두물머리'를 한자어 양수(兩水)로 바꾼 것이다. 하지만 현재의 양수역은 두물머리와 2km 이상 떨어져 있고 양수역에서 두물머리까지는 20~30분 걸린다.

주변 둘러보기

북한강 철교가 양수역과 운길산역 구간의 전절 철로와 나란히 붙어 있다. 북한강 철교는 자전거와 인도로 또 다른 아름다운 풍경을 제공해준다. 두물머리에 400년이 넘은 느티나무와 새벽 물안개와 어우러진 해돋이는 코레일이 선정한 명소 중 하나다.

월계골 산자락 마을   변경 전 물소리길 산길

양수역에서 10분 정도 걸으면 세미원, 세미원은 그야말로 물과 꽃의 정원이다. 물을 보며 마음을 씻고 꽃을 보며 마음을 아름답게 하라는 뜻이 담겨 있다고 한다. 입장료가 5천 원이라 조금 불만이지만 마음을 씻었으니 애써 만족스러워 한다.

걸으며 즐기며

양수역 2번 출구로 나오면 제1코스 안내 도표 사진을 도상 검토하고 물소리길 안내소를 지나 가정천을 따라 물소리길 안내 리본을 따라 걸으면 된다.

우측은 하계산 부용산에 이르는 소나무 참나무 숲들이 병풍처럼 둘러싸여 있다. 4년 전에는 월계골 산자락들의 능선을 오르내리며 갔는데 변경된 코스는 골마다 개발의 붐 타고 포장된 아스팔트 도로

부용2리 마을회관

를 노선이 변경되었다.

가정천 다리를 건너 바로 좌회전하여 잠시 걸으면 물소리길 안내 도에 나온 농기계 수리센타를 지나 산자락마다 개발 붐으로 대머리 가 돼 가는 능선과 아스팔트 도로와 농지의 어울림 그리고 물소리길 안내 리본과 대화하며 길을 걷는다.

가끔 나오는 용담 1, 2, 3, 4교를 지나다 조선 초기 문신 정창손 묘 비 안내판과 물소리길 쉼터 마을 가게에서 잠시 쉼을 한다.

마지막 부용교를 지나 물소리와 함께 농촌 풍경과 색다른 건물과 마을이다. 비상 에듀라는 간판의 학교와 기숙사 조금씩 산허리를 침 범해 가는 마을을 지니고 무기농 우엉을 재배하는 논둑을 가로질러

물소리길 쉼터

한음 이덕형 신도비

물소리길 인증대

낙엽송인 듯한 산 능선 밑 자락을 돌아 한음 이덕형 신도비에 이르고 물소리길 1코스 인증을 해주는 인증대가 있다. 잠시 한음 이덕형 공적을 살펴보고 차도를 따라 오르니 목왕2리 마을회관 안내판이 있고 쉼터가 있어 준비해간 막걸리와 간식으로 허기를 때우며 잠깐 여기 소(女岐沼) 전설을 듣는다.

만보기를 보니 8,500보(6km)를 알려 준다. 3/4를 온 셈이다.

아스팔트를 뒤로하고 청계산, 형제봉과 부용산 사이 골짜기 산길

부용산 약수터   목양2리 마을회관

형제봉과 부용산 갈림길

을 걷는다. 밀림처럼 전혀 가꾸어 지지 않는 고목들이 자연 그대로 널부러져 있다. 낙엽송 소나무 비자나무 등 나무 내음을 힐링하고 부용산 줄기에서 내리는 약수를 마시고 고개를 넘으니 남한강이 멀리 보이고, 신원리 약곡마을 전경이 보인다.

몽양 여운형 생가 기념관으로 가는 고갯마루다, 예전 물소리길과 다시 만나는 곳이다. 몽양 여운형 생가와 기념관 몽양 선생 어록길을 내려와 신원역에 이르니 물소리길 1코스 9.4km 걷기를 마친다.

부용2리 마을회관

두물머리

두물머리라는 이름은 두 물줄기가 만나는 곳이라는 의미를 지니고 있는 양수리의 우리말 이름이다. 400년 된 장대한 느티나무와 이른 아침 물안개 피는 모습은 자연의 운치를 더한다. 두물머리는 각종 영화, CF, 드라마 등 촬영지로 많이 알려져 있다.

정창손 묘

정창손(鄭昌孫, 1402~1487)은 조선 초기의 문신으로 세종 8년(1426) 문과에 급제하여 세조 때부터 성종에 이르는 15년간 좌의정·영의정 등을 역임하였다. 좌익공신·익재공신 좌리공신 등 여러 공신에 책봉, 중종 때에는 청백리에 선정되었었고, 《고려사》, 《세종실록》 등 각종 편찬사업에 참여하였다.

한음 이덕형 신도비

이덕형(李德馨, 1561~1613)은 조선 중기의 문신으로 선조 13년(1580)에 과거에 급제하여 여러 벼슬을 거쳤으며, 선조 25년(1592)에 예조참판이 되어 대제학을 겸하였다. 1592년 임진왜란이 일어나 왜적이 대동강에 이르러 화의를 요청하자, 선생은 단독으로 적진에 들어가 대의로써 그들을 공박하였다. 그 뒤 정주까지 왕을 호위하였고, 명나라에 파견되어 지원군 요청에 성공하였다.

여기소

옛날 하늘에서 선녀들이 내려와서 안방골, 우방골에서 살다가 이곳에서 목욕을 하던 한 선녀가 머리를 감다가 빗을 빠트려서 빗을 건지려다 빠져 죽었다. 선녀들은 하늘로 올라갔다고 하여 여기소(女岐沼)라고 하였다.

몽양 여운형 생가 기념관

몽양 여운형 생가 기념관은 우리 민족의 자주독립과 평화통일을 위해 일생을 바친 민족의 큰 스승이시자, 양심적인 지도자였던 몽양 여

운형 선생(1886~1947)의 삶을 올바로 알리고, 뜻을 널리 선양하고자
2011년 11월 개관하였다.

묘골 애오와공원

묘골[妙谷(묘곡)]은 동네 이름이고, 애오와(愛吾窩)는 여운영의 친필
로 '나의 사랑하는 집'이라는 뜻이다.

몽양 선생 어록길

1947년 7월 서거 당시 지녔던 수첩 메모 글로 몽양 선생 어록길에
있는 16빗돌 중 하나다.

몽양 여운형 생가 기념관

몽양 선생 어록길 시비

Part 1 양평 물소리길 **29**

물소리길 1-1코스 **두물머리 물래길** 양수리~용담리 순환

코스 운길산역-북한강 철교(남한강 자전거길)-양수리 환경 생태공원-두물경-물안

개 쉼터-상춘원-배다리-세미원-양수역(거리 8.9km)

대중교통(경의중앙선) 용산역-운길산역 42km, 소요시간 63분, 요금 1,950원(용산역

기준)

북한강 철교를 건너는 재미와 양수리 전경 생태공원과 세미원은 즐거움을 더한다. 걷기에 부담감 없고 시원하고 편안한 코스이다.

역 정보

운길산역(雲吉山驛)은 경기도 남양주시 조안면에 있는 중앙선의 전철역이다. 중앙선의 복선화에 따른 선로 이설로 인해 폐역된 능내역을 대신하여 신설된 역이다. 역명은 인근 운길산의 이름을 따 제정

되었다. 이 역은 용문 방면으로 양수철교 앞에 건설된 역으로 기존의 능내역과는 약 3.5km 떨어져 있다. 2017년 일 평균 역 이용자 승차 1,031명, 하차 1,007명가량 된다.

걸으며 즐기며

걷기 시작 : 물래길 코스에 운길산역~북한강 철교를 더한다

운길산역을 나와 좌측으로 오면 자전거길 안내 표시가 보이고 철길 밑으로 오면 확 트인 북한강이 보인다. 시원한 북한강의 정기를 맡으며 운길산역 부근 물의 정원의 탑을 보면서 간단한 식사를 하며 더위로 꽉 막혀 있던 심신의 시원한 북한강 바람을 만끽한다.

구 철길을 자전거길로 단장한 북한강 철교를 건너는 재미는 또 하나의 볼거리를 제공해준다. 철길을 건너와 우측으로 접어들면 양수

리 환경생태공원이다. 북한강 남한강 시원한 바람을 마시며 두물머
리 표시인 두물경 탑이 보인다. 주위 배경이 모두 풍경화인 포토존의
보고이다.

두물머리 이야기

느티나무가 우뚝 서 있는 두물머리에는 수령이 400년이 넘은 느티

나무는 높이가 30m, 둘레가 8m나 된다. 이 나무의 이름은 도당 할아

버지다. 옆에 도당 할머니 나무도 있었으나, 팔당댐의 완공으로 수몰되었다고 한다.

두물머리는 양수리 일대에서 천주교 묘지인 소화묘원, 운길산 수종사와 더불어 3대 일출 명소다. 매일 아침 일출을 담는 사진가들이 끊이질 않는다.

느티나무 앞 너른 호수에서 금강산에서 발원한 북한강과 금대봉, 검룡소에서 시작한 남한강이 각각 긴 여정(천삼백 리)을 끝내고 서로 몸을 섞는다. 북한강은 휴전선을 넘어와 화천·춘천·가평 등을 적시고, 남한강은 정선·영월·단양·충주·양평 등을 에돌아 두물머리로 들어온다. 여기서 만난 강물은 한강이란 이름으로 수도 서울을 적시고 시해 강화도 앞에서 임진강을 끌어안고 함께 바다가 된다.

　예전 남한강에 나룻배가 다녔을 때는 두물머리 나루터가 있었다. 강원 정선과 충북 단양에서 출발한 나룻배가 서울의 뚝섬과 마포나루에 도착하기 전 마지막으로 기착했던 나루터였기에 당시에는 매우 번창했다. 이곳 나루터에서 하룻밤을 묵고 다시 흐르는 강물을 따라 마포나루까지 9시간이 걸렸다고 한다. 전설처럼 들리지만 불과 40여 년 전의 일이다.

　한강물환경연구소를 따라가면 양수교 앞에 도착 시원하게 열리면서 북한강 철교와 운길산이 나타난다. 북한강 철교는 남한강 자전거 길이다. 시원한 강바람 맞으며 자전거를 탄 사람들이 지나고 걷는 사람들도 제법 많다. 북한강 철교를 건너노라면 끝이 보이지 않는 북한강 강물을 마음껏 즐길 수 있다.

　최근에는 양수리가 영화, 드라마, CF의 촬영지로 많은 사람들이 찾고 있다. 멀리 다산 유적지 숲이 보이고 좌로는 옛날 뗏목으로 목재를 실어 날랐던 남한강 줄기가 유유히 흘러오고 있다. 두물경 표시탑에서 멋진 사진촬영은 필수 코스다. 두물경에서 물안개 쉼터로 가는 스토리텔링 산책로 연인들의 환한 모습의 텔링이다.

　한류 열풍을 타고 드라마 촬영지를 찾는 외국인 관광객들로 북적대는 물안개 쉼터, 줄을 서서 기다리는 포토존에서 기념사진 촬영 현장도 정겨운 정경이다. '물과 꽃의 정원'으로 꾸며진 세미원을 비롯

양수리 환경생태공원과 생태복원산책로 등 다양한 생태문화공간이
조성되어 연일 사람들로 북적인다. 실제 두물머리 일대에는 볼거리
와 즐길거리들이 상당히 늘었다. 이 많은 것들을 걷기여행을 통해 만
끽할 수 있도록 만든 길이 바로 두물머리길 코스이다.

세미원

세미원 관람은 입장료(성인 5천 원)이다. 때문에 선택사항이다. 5월
~9월까지는 수련, 연꽃 등 볼거리가 물과 꽃의 정원 세미원(洗美苑)
입구다. 세미원은 연꽃과 수련·창포 등을 심은 6개의 연못을 거친 한
강물은 중금속과 부유 물질이 거의 제거된 뒤 팔당댐으로 흘러간다.

마음을 씻는 생각으로 詩 한 줄 선보인다.

연꽃연가

애써 기억하려 하지 말아라
흘러가고 흘러가나니
무겁게 잡고 있던 인연의 끈도
힘겹게 마주하던 막연한 운명도
숨소리 한 번에 지나가고 마는 것을
바람결 노을빛에 저물고 마는 것을
애써 사랑하고 힘겨워 말아라
애써 잊으려 몸부림 말아라

물소리길 1-2코스 자전거길 양수역~신원역

거리 약 4.5km

교통 경의중앙선 용산~양수역 44km, 70분 소요, 요금 1,950원

　이 코스는 자전거길 코스로 가장 편안하고 쉬운 코스로 바람 쐬러 가기 좋은 코스로 자전거길만 따라가는 길로 별도로 번호를 부여했다. 양수역에서 신원역까지 가는데 터널이 5개가 있다.

용담아트터널

부용4터널

부용3터널

부용2터널

부용1터널

부용4터널 입구

자전거 쉼터

부용산 물푸레나무

첫번째 용담 아트터널 441m, 부용4터널 240m, 부용3터널 284m, 부용2터널 192m, 부용1터널이 있다. 터널 안에서는 서늘한 한기가 느껴졌다.

그야말로 터널 산책이다. 특히 여름에 안성맞춤이다.

길을 가다 가끔 갈림길을 만난다. 둘 중 하나를 선택해야 한다. 선택했으면 후회는 하지 말자. 걸어온 길 후회만 쌓인다. 그렇다고 후회가 바뀌나 이미 와버린 길 대안이 없다.

이 코스는 임의로 만든 코스로 4계절 추우면 추운대로 더우면 더운대로 가장 무난하게 걸으며 여유를 즐길 수 있는 코스로 정했다.

신원역 입구

46

길

세상엔 길들로 무량하다

누구도 가보지 않은 미지의 길들

한 번 가면 돌아올 수 없는 길 같은 길인 곳 같아도

실은 다른 길이다

길은 있다가도 사라지고 없다가도 나타난다

이어졌다가도 끊어지고 끊어졌다가도 이어진다

산다는 건 길을 찾아 가는 것 모든 생명이 길을 찾아 헤맨다

그러다간 헤어지기도 하고 다시 만나는 기적도 일어난다

영육이 같이할 수 없는 길에 이르면

무수히 분해되어 다른 길로 떠난다

멈추려 해도 멈출 수 없는 길

쉴 새 없이 가야만 하는 길

변하고 변화하면서 끝도 없이 무한으로 향하는 길

나는 그런 길을 간다

무량겁을 가고 가야 하는 길을

단풍잎 하나 허공을 날아 떨어진다

바람에 밀리고 날리어 멀어져 간다

양평 물소리길 1~3코스 부용산 넘이 길 양수역~부용산~신원역

코 스 양수역-용담약수-하계산-부용산-신원

리-몽양 여운형 기념관

거 리 7.7km

소요시간 3~4시간

역 정보 1코스와 동일(양수역 두물머리 : 물소리길 출발지)

신원리에 몽양 여운형 선생 생가, 기념관을 들릴 수 있는 산행 코스라기 보다는 가벼운 걷기 코스로 남한강과 북한강이 어우러져 수많은 아름다운 이야기를 낳은 양수리에서 출발해 하계산, 부용산을 넘는 산길이다.

걸으며 즐기며

오늘은 경기도 양평군 양서면에 있는 부용산을 오르기 위해서 경의중앙선 양수리행 전철을 탄다.

경의중앙선 양수역은 2005년 12월 수도권 광역전철이 개통된 이

하계산 오르기

후 현재는 수도권 광역전철만 정차하고 있으며, 일부 급행열차가 출근시간대에 운행되고 있다. 양서면의 중심지에 위치하여 접근성이 편리하다.

그러나 양수역이 위치한 지역은 양수리가 아니고 양서면 용담리이다. 양수역에서 데크를 타고 내려오면 여름철에 애기부들 등 수초가 우거지고 연(蓮)이 꽉 찬 용담(龍潭)이 나온다.

용담은 가정천(柯亭川)이 흘러 내려오다 남한강 큰물에 합류하기 전에 만들어진 큰 늪에 용이 있다고 하여 용담이라고 한다.

이곳도 1914년 행정구역 개편 때 가정리, 양수두리, 석장리, 벌리의 각 일부와 서시면의 월계리 일부를 합쳐 용담리가 되었다. 참고로 양수역은 '양평물소리길'과 '두물머리 물래길'의 시작점이다.

양수역을 나와 좌측으로 남한강 자전거길 안내 표시 길을 따라 쭉

도토리 싹트는 모습

가다 부용 기차터널 입구에 부용산 등산로 푯말이 있고, 입구에 바로 용담 약수터가 있다.

물을 받으러 온 동네 어르신 말씀이 물을 먹고 올라가야 탈이 없다고 귀띔하는 바람에 약수를 한 바가지 마시고 산길을 오른다.

약간 급경사를 오르니 부용산 표시는 빼고 등산로 방향 표시만 친절하게 되어 있다. 능선을 따라 오르는 길은 솔잎과 낙엽이 뒤엉킨 길은 양탄자를 깔아 놓은 듯한 길이다. 조금 오르니 안내 표지판이 부용산 詩 푯말과 함께 부용산 3,300m 남았다고 알려준다.

오늘은 참 훌륭한 선택을 했다고 연신 환호하는 집사람을 보니 덩달아 마음 흐뭇하다.

조금 오르니 쉼터 의자도 마련돼 있다. 잠시 한숨 돌리니 가파른 경사를 타고 오른다.

하계산 가는 길

양수역에서 약 한 시간 조금 오르니 평상과 쉼터의자도 마련돼 있다. 잠시 한숨 돌리고 가파른 경사를 타고 오른다. 어느 산이나 있듯이 깔딱이라는 고개가 있다. 이것이 마지막인가 했더니 하계산 정상은 따로 있다는 간판과 '부용산' 詩 입간판이 걸음을 멈추게 한다. 하늘은 온통 미세먼지라는 안개 때문에 흐리고 가까운 조망도 희미하세 보일 뿐이다. 다시 진달래 꽃잎도 따 먹고 생강나무 향 내음과 밧

하계산

하계산에서 양수리 전경

줄에 의존하며 함께 하계산을 오른다.

봉우리를 오르내리다 전망대로 가는 길과 부용산으로 바로 가는 길이 갈라지는 삼거리에 방향표지판이 설치돼 있다. 하계산으로 오르기 위해 당연히 직진하여 전망대 쪽으로 오르니 작은 돌탑 봉우리가 있고 봉우리의 꼭대기와 근접해 전망대가 설치돼 있는 하계산 정상이다. 하계산에서 본 두물머리 나루터와 세미원, 양수역, 운길산역까지 나무가지 사이로 보인다 하계산 정상에서 간단하게 요기를 하고 부용산으로 가는 길도 경사가 가파른 하산 길에는 또 밧줄의 힘을 빌려야만 한다.

부용산 정상

하계산에서 깊은 골을 지나 가파르게 올라가면 부용산이다. 부용산(芙蓉山, 366m)은 산이 푸르고 강물이 맑아 마치 연당(蓮堂)에서 얼굴을 마주 보는 것 같다고 하여 이름이 붙었다고 한다. 정상에는 헬기장이 있는 것으로 보아 가끔 중요한 행사도 열리는 모양이다. 또한 정상에는 어느 정승을 모신 무덤인지 조부모까지 4분이 합장한 묘가 버티고 있다. 나목 사이로 보이는 남한강은 북한강의 두물머리 정경은 절정에 달한다.

부용산의 전설

이 산에는 전설이 전해지는데, 고려시대에 어떤 왕비가 시집간 첫날밤에 왕 앞에서 방귀를 뀌자 왕이 크게 노하여 이곳으로 귀양을 보냈다. 쫓겨난 왕비는 이미 아들을 잉태한 몸이었고 온갖 어려움 속에서 왕자를 낳았으며, 총명한 왕자는 어른이 된 후 어미의 사정을 알고 난 뒤 도성으로 올라가서 "저녁에 심었다가 아침에 따 먹을 수 있는 오이씨를 사라."면서 외치고 다녔다.

소문을 들은 왕이 소년을 불렀고 "이 오이씨는 밤 사이에 아무도 방귀를 뀌지 않아야 저녁에 심었다가 아침에 따 먹을 수 있습니다."라는 소년의 말을 듣고서 잘못을 깨닫고 왕비를 불렀다. 하지만 왕비는 궁궐로 가지 않고 이곳에서 살다가 죽었다.

부용산에서 본 양수리

부용산 정상

마을 사람들 사이에서는 산에 가는 것이 금기시 되어 왔으며 산에서 땔감을 구하면 곧 죽는다는 이야기가 전해졌다고 한다.

부용산 정상에서 하산

부용산에서 올라온 반대편인 양서면 신원리 쪽으로 내려오는 길도 만만치 않다. 흙과 낙엽의 마찰로 가끔은 미끄럽기도 하다. 해발 표고(366m)는 그리 높지 않은 산이지만 자연 앞에서는 높낮이 불문하고 자만해서는 아니 된다.

산을 올라갈 때와 마찬가지로 내려올 때도 밧줄 힘을 빌려 내려오다 비자나무 숲을 만나 남쪽에만 자란 줄 알았는데 갑자기 고향의 향

옹달샘

부용산 내리막길

수를 느낀다. 능선 하단부에 이르니 반가운 물소리길 리본이 보인다. 청계산 가는길과 신원역 방향 그리고 물소리길 꺼구로 양수역으로 가는길 부용산 오르는 길 사거리인 셈이다. 이제부터는 평지이다.

자연산림

몽양 생가

매주 월요일은 정기휴관일이라 안으로 들어가지 못한다. 몽양기념관 바로 앞에는 '묘골 애오와 공원(妙谷愛吾窩公園)'이 있다.

묘골은 동네 이름이며, '애오와(愛吾窩)'는 '나의 사랑하는 집'이란 뜻이다. 몽양의 친필로 쓴 이 글귀를 돌에 새겨뒀다고 한다.

몽양은 그 의지가 왜곡되고 사상이 의심되어 한 때는 금기시 하는 인물이었으나, 2005년 건국훈장 대통령장에 이어 2008년 건국훈장 대한민국장이 추서되었다.

몽양기념관

물소리길 2코스 터널이 있는 기찻길 신원역~국수~아신역

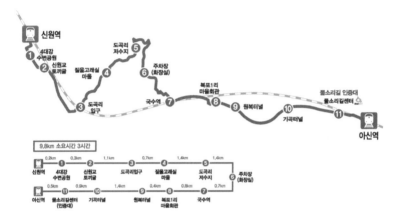

코스(신원역~아신역) 신원역-신원교 토끼굴-양서초등학교 전-도곡리 입구-고래

실마을-도곡 저수지-청계산 중턱 국수역-복포1리 마을회관-원복터널-기곡터널-

아신 갤러리-물소리길 인증대-아신역

거리 9.8Km

소요시간 4시간 30분, 깔닥고개 산길 있음

대중교통 경의중앙선 용산~신원역 48.6km, 90분, 교통요금 2,050원

신원역(新院驛)은 한가하고 강변이어서 주변 경치가 좋다. 물소리
길 2코스 출발지 경기도 양평군 양서면 신원리에 있는 중앙선의 전철
역이다.

수도권 전철 중앙선이 2009년 12월 23일 국수~용문 연장 구간 개
통에 맞추어 신 역사가 완공되어 수도권 전철 경의중앙선 전동차가
정차한다. 무궁화호 열차는 양수역과 마찬가지로 정차하지 않고 무
정차 통과한다.

역에서 내리자마자 오른쪽으로 가면 몽양길이 있고 그 길 따라 계
속 올라가면 2011년 11월 27일에 개관한 몽양 여운형 생가 기념관이
있다.

걸으며 즐기며

　신원역에서 출입구로 나와
물소리길 안내 도면을 따라 자
전거길과 만나는 남한강 강변따라 가다 신원교 토끼굴을 통과 남한
강과 잠시 이별한다. 700m쯤 걷다 양서초등학교 지나기 전 도곡리
마을 입구에서 좌회전 전형적인 산골 마을 고래실마을 체험한다. 교
통수단의 발달로 신원역과 국수역의 중간 지역으로 허물어져 간 시

양서초등학교 앞 육교

초등학생 농촌 체험 및 관광

질울고래실마을 입구

골집들도 매기(買氣)는 없고 가격 오르기만 주구장창 기다리는 분위기다.

중간에 양서초등학교의 역사를 잠깐 검색한다. 남한강 변에 위치한 양서초등학교는 경기도 양평군 양서면 양서도곡길8에 위치, 개교 1926년 8월 21일 학생 수 78명, 교직원 20명(2014년 4월 1일 기준), 주

로 도곡리 주민을 위한 초등학교이다. 초등학교를 지나 200m쯤 마을이 나온다.

이름도 아름다운 고래실마을이다. 마을길에서 관광 달구지를 만난다. 일명 체험학습 여행이란다. 초등학교 학생들을 감자심기 체험하고 경운기를 개조한 관광 기차를 타고 동네 한 바퀴 일주 여행을 한다. 먼 훗날 아름다운 추억으로 기억될 현장이다. 반가움에 손을 흔들어 주니 함성과 함께 화답이다.

마을을 지나 산 입구에 이르니 산장 호수같은 도곡저수지를 만난

물소리길 반환점

다. 갈 길은 먼데 호수의 낭만을 즐길 시간이 없다. 양평 청계산 줄기
인 산길을 올라야 한다. 일명 깔딱 고개를 오른다. 반환점에 이르니
물소리길 리본이 반긴다. 여기서 부터 내리막 산길은 숲과 공기가 어
우러진 환상의 숲길이다.

청계산 중턱 물소리길 반환 점

30분을 내려오면 국수역 굴다리가 나오고 굴다리 지나 좌회전 하
면 남한강 자전거길과 합류하여 이제부터는 조금 편안한 자전거 도
로로 걸으면 된다. 잠시 허기를 채우기 위해 국수역 앞 우리 콩 순두
부십을 늘러 순두부정식을 먹어본다. 그야말로 시골 옛날식, 그리고

경기도식 밥상이다. 반찬이 주변 텃밭에서 나온 순수 그대로의 반찬
이다. 혹 이 길을 지나가다 시간 되면 한번 들러 보라고 권한다.

포만감으로 식사를 마치고 복포1리 마을회관을 지나 원복터널
(255m)을 지나며 터널 속에서 '이 터널도 일제시대 때 만들었겠지.' 하
며 세월의 무상함을 느낄 수가 있다(혹 남한강이 보고 싶다면 복포리마을
고개를 넘어 시원한 남한 강변을 즐기며 가는 길도 있다).

다시 기곡터널을 만나는데 기곡터널(570m)은 남한강 자전거길 8곳
중의 하나로 알려져 있다. 내부 조명시설이 잘되어 있다.

터널을 지나면 바로 아신역 추억의 기찻길, 물소리 갤러리가 볼거
리를 제공해준다. 물소리길 2코스를 추억의 기찻길 쉼터에서 마무리
한다.

원복터널

국수역   국수리 순두부집

국수역-전원주택들이 국화꽃처럼 예쁜 역

국수역(菊秀驛)은 경기도 양평군 양서면 국수리에 있는 중앙선의 전철역이다. 용문 연장 이후로는 인근 국수리·복포리 주민들이나 등산객 이외의 수요는 거의 사라질 듯하다. 결국 하루 평균 승차객이 약1,800명으로 수요가 매우 적은 '공기 수송역'이지만, 역세권이 워

노들마을 입구

아신갤러리

낙 한산한 농촌 지역이라 이용률이 높다.

10년 전 오늘인 2008년 12월 29일은 수도권 전철 중앙선의 팔당역-국수 구간이 개통되었고, 코레일은 이날 경기도 팔당까지만 운행되고 있던 중앙선 전철을 국수역까지 16km 연장하는 공사 끝에 열차운행을 시작했다. 개통과 동시에 이날 팔당역 다음 역으로 새로 생긴 4개 역(운길산역, 양수역, 신원역, 국수역) 중 하나다.

아신역

아신역(我新驛)의 유래는 본래 양근군 고읍(옥천)면의 지역인데, 1908년 양평군에 편입되었고, 1914년 지방행정 구역 폐합 조치에 따라 상곡리, 하곡리, 신대리, 빙곡리, 당곡리, 아오리, 기곡리를 합쳐 이 고을 가운데 아오리와 신대리의 두 지명을 본떠 아신리로 하고, 옛날 양근군 관아가 있을 때는 교통(수로)의 중심지로서 사탄장이 섰고, 구창대가 있어 물자 교류가 활발했던 곳이다. 이에 철도역이 생기면서 아신역이 되었다.

아신역은 경기도 양평군 옥천면 아신리에 있는 중앙선의 전철역이다. 부역명은 아세아연합신학대로, 인근에 아세아연합신학대학교가 있다. 2009년 12월 23일 수도권 전철 중앙선이 용문역까지 연장 구간 개통되면서 수도권 전철 경의중앙선 전동열차가 이 역에 정차한다. 무궁화호 열차는 무정차 통과다. 아세아연합신학대학교가 양평

군 아신리에 캠퍼스가 소재하고 있다. 역 이름과는 무관한지? 2017
년 일 평균 이용객 승차 825명, 하차 828명. 양평군 물소리길 제3코
스 강변이야기길(아신역~오빈역~양평역) 출발점이다.

양평 물소리길 2-1코스

터널이 있는 자전거길 신원역~국수~아신역

코스 신원역-4대강 수변공원-양서초등학교-도곡터널-국수보건지소-복포1리 마을

회관-원복터널-기곡터널-갤러리 아신 사무실-물소리길 인증대-아신역

거리 7.9Km   소요시간 2시간 30분

대중교통 경의중앙선 용산-신원역 48.6km, 90분, 교통카드 2,050원

양평군 물소리길 제2코스. 터널이 있는 기찻길(신원역-국수역-아신
역)은 구 철길을 활용한 자전거길로만 남한강을 따라 걷기에 아주 편

안한 코스다.

한가한 강변이어서 주변 경치가 좋은 역이다. 물소리길 2코스 출발지로 경기도 양평군 양서면 신원리에 있는 중앙선 전철역이다.

걸으며 즐기며

신원역에서 도착 출입구로 나오와 물소리길 안내 도면을 따라 자전거길과 만나는 남한강 강변따라 평탄한 길을 따라가면 된다. 자전거 동호인을 위한 쉼터는 도반들에게도 쉼터의 안성맞춤이다. 신원교를 지나면 양서초등학교와 육교를 건너면 구 철길이 나온다. 남한강의 정취를 느끼며 300m쯤 가면 4계절 휴식 공간 도곡터널(177m)이

국수리 풍경. 멀리 용문산이 보인다.

도곡터널

나오고 터널을 통과하면 국수역과 국수면, 멀리 용문산까지 한눈에
들어온다.

　막걸이 한 잔과 반주로 포만감을 앉고 국수역 좌측 청계산 등산로
입구쪽에 오면 자전거 도로와 만나고 철길따라 가다 복포1리 마을회
관 지나 또 원복터널(255m)을 지나 구 철길로 가면 된다(혹 남한강이 보
고싶다면 복포리마을 고개를 넘어 시원한 남한 강변을 즐기며 갈 수 있다). 다
시 기곡 터널을 만나는데 기곡터널(570m)은 남한강 자전거길 8곳 중
의 하나로 내부 조명시설이 잘 되어 있다.

　터널을 지나면 바로 아신역 추억의 기찻길, 물소리 갤러리가 볼거
리를 제공해준다. 물소리길 2코스를 추억의 기찻길 쉼터에서 마무리
한다.

남한강

남한강 어부들

물소리길 2-2 코스 청계산 국수역~형제봉~청계산

코스 국수역-정자동-정자동계곡-국수봉 북쪽 안부-형제봉-청계산 정상

거리(일명 2-2 코스) 약 5km

소요시간 약 4시간

대중교통 용산역-국수역 51.5km, 소요시간 95분, 요금 2,050원

걸으며 즐기며

양평 물소리길을 탐방하다 오늘은 양평 청계산을 둘러보기로 했다. 수도권에는 3개의 청계산이 있는데, 서울 양재동 청계산(618m), 양평군 서종면 청계산(658m), 그리고 포천 일동면 청계산(849m)이다. 물론 지방에도 청계산이 몇 개 있는 것으로 알고 있다.

청계산 하면 신선한 느낌을 주는 아름다운 이름이다. 오늘은 길만 걷다 모처럼 양평에 있는 청계산을 오르기로 했다. 용산역에서 중앙선 전철을 타고 국수역에 내리면서 시작이다. 양평 청계산은 남한강

청계산 입구

과 북한강을 두루 내려다보면서 산행을 할 수 있는 조망이 매우 아름다운 명산으로 이름나 있다. 경기도 양서면과 서종면에 솟아 있는 청계산은 백두대간상의 오대산 두로봉에서 서쪽으로 분기한 한강기맥 산줄기 끝자락에 솟아 있는 산으로 정상에 오르면 사방으로 막힘이 없는 시원한 조망이 펼쳐지는데 남쪽으로는 남한강이 한 폭의 산수화 같이 시원스레 감상할 있는 산으로 정평이 나 있다.

오늘은 평소보다 일찍 배낭을 꾸려 용산역에서 중안선을 탄다.

어제 내린 비(서울, 경기) 눈(강원 영서) 무시하고 국수역에 내리니 12시다. 언제나 그렇듯이 서두를 이유가 없다.

신발을 벗고
흙길을 걸어보는건
어때세요?

500M 앞에 발 씻을 곳과
휴식공간이 준비되어 있어요

맨발로
걷는길

음식물, 노약자, 영유아는 안돼요

망가져 가는 산 모습

생강나무 꽃

국수역을 나와 좌측에 청계산 등산 안내도가 선명하게 자리하고 있다. 국수역에서 좌측으로 가다 굴다리를 지나면 정자동마을 입구에 청계산 초입 안내 표지를 만난다. 좌측으로는 신촌마을(490m), 우측으로는 정자동마을을 지나는(600m) 오르는 길을 안내해준다. 우선 짧은 게 좋다고 좌측 능선을 타기로 하고 오르는데 벌써 하산하는 부부가 '조금 일찍 왔으면 설경(雪景)을 보았을 텐데.' 하며 길을 안내해준다.

산 초입부터 소나무와 잣나무 떡갈나무 피톤치드를 마음껏 발산해준다. 산을 오르면서 오늘은 선택을 참 잘했다고 생각했다. 오르는 계곡마다 집터 될만한 곳은 모두 터를 잡아 놓고 전원생활 주인을 유혹하고 있었다.

거북약수터

　뭔가 미심쩍은 아쉬움을 뒤로하고 오르는 도중 물소리길 리본이 계속 산길을 따라온다. 내가 아는 물소리길 1, 2 코스는 이 길이 아닌데 의문을 낳고, 양평군청에 문의할 것을 메모하고 산길을 오른다.

조금 더 가다 묘지 옆에 청계산에 대한 고마움 표시의 안내판을 만나
게 된다.

6·25 한국선쟁 당시 미(美) 제9군단과 국군 2사단, 6사단, 미 24사

잣나무 숲

단이 용문산, 예봉산, 청계산에서 반격 작전을 한 역사적 장소라고 고귀한 희생을 영원히 잊지 않겠다고 양평군에서 세워준 안내 현판을 볼 수가 있다.

유유자적 걸음으로 오르다보니 거북이 약수터에 오니 오후 2시가 지나가고 있다. 약수 한 모금은 꼭 해야 하는 것이 산에 대한 예의라 약수 한 모금하고 생강나무 꽃을 산수유 꽃과 구분하느라 한참을 실랑이하다 형제봉 갈림길에서 하산하기로 한다. 하산할 때는 정자동 마을 코스로 내려오면서 다시 전원주택 터잡기 공사가 한참이다.

마누라 투정 왈, 여기 경기도 사람들은 조상을 잘 맞나 후손들이

망가져 가는 산 계곡

행복하다며, 내가 전라도가 고향이라고 투덜댄다. 정자마을을 지나
며 눈인사 하고 국수역에 이르니 뱃속에서 신호를 보낸다.

청계산이 총체적 몸살을 앓고 있다
청계산의 독야청청 나무가 점차 고사되고 있다
나이가 많아서도 아니고 인위적 벌목도 아니다
산은 숲이 그리고 쌓이는 낙엽이 생명이다
낙엽이 많이 쌓인 산일수록 숲이 생명력이 있다

그런데 언제부턴가 산등성이에 올라서자 골짜기
여기저기 보이는 가마니같은 하얀 무더기들
그것은 시들음병으로 앓다 죽은 참나무의 무덤이었다.
그 곁에서 밑둥치가 잘려나간 아름드리 그루터기가
비명을 지르는 듯 눈물을 흘리고 있다
가슴을 짓누르는 참담함의 원인이 무엇인지 알 수 있었다

몇 해 전부터 참나무시들음병이 번지기 시작했다.
이제는 온산의 참나무가 시들음병으로 신음하고 있다.
이러다 낙엽이 쌓인 산길을 못 걷게 될까 염려스럽다
지금 청계산이 심하게 몸살을 앓고 있다

청계산은 나무뿐만 아니라 골짜기 등선마다 통증을 앓고 있다

지주들의 영역 표시와 함께 갈고 닦고 세우고 야단이다
아름다운 말로 전원주택 요람이라 명하여 법석을 떨고 있다
포크레인이 땅을 뒤집고 덤프트럭이 굉음을 내며 법석이다
총체적으로 청계산이 통증 협착증을 앓고 있다

찜질방으로 신신 파스로도 안된다 자연치유도 아니다
총체적으로 마음과 마음의 치유가 필요하지 않나 생각한다
나무숲과 꽃과 나비와 새들이 범람하여 몰살이어야 될 산이
하산 길 등산길 나무들과 골짜기 능선 통증 앓이가 안쓰럽다

나무 무덤

물소리길 3코스 강변이야기길 아신역~오빈역~양평역

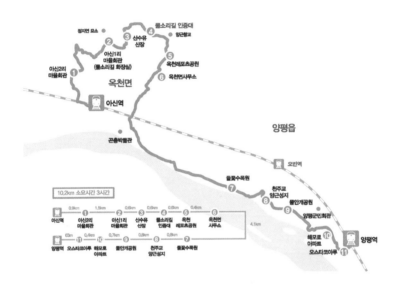

코스 (아신역~오빈역~양평역) 아신역-아신2리 마을회관-아신1리 마을회관-산수
유 산장-물소리길 인증대-옥천레포츠공원-옥천면사무소-들꽃수목원-천주교양근
성지-물안개공원-오스타코아루-양평역

거리 10.2Km

소요시간 3시간(깔닥고개 있음)

대중교통 경의중앙선 용산~아신역 55.6km, 소요시간 95분, 요금 2,150원

걸으며 즐기며

오늘도 물소리길 3코스를 위한 최대한 일찍 경의선 용문행 전철을 탔다. 아신역 출구로 나오면 곧 물소리길 안내 표지판이 있고, 우측으로 조금 가면 2코스의 갈림길에서 아신2리 마을회관과 아오곡으로 안내판이 선명하게 나온다. 전형적인 시골 산골마을이다.

약간의 산길을 따르다 한창 개발 중인 도로공사현장, 다시 아신1리 노인회관을 지나면 산수유 산장과 함께 다시 산길을 만나고 보물찾기라도 하듯 오르락내리락하다 물소리길 인증대를 만나니 반갑다. 물소리길 인증대에서 인증하고 내려오니 옥천레포츠공원, 면사무소와 이미 널리 알려진 옥천냉면과 해장국 집들의 간판이 눈을 혼란스럽게 한다. 눈도장만 찍고 평탄한 길를 따라 남한강쪽에 이르니

90

곤충박물관이 나온다. 전시실에는 국내외 서식하는 희귀 곤충표본
1,500여 점이 전시되어 있고, 곤충체험실은 어린이들의 인기 코너
이다.

다시 자전거길과 합류 남한강변 따라 걷다 양평대교 아래 그늘에
서 잠시 땀을 식히고 강변을 따르니 시원한 강바람과 멀리 보이는 양
평역 앞 오스타코아르빌딩이 눈에 들어오니 다 왔구나. 하는 안도감
에 이른다.

양평대교 밑을 지나면는 강변 자전거길과 양평 가는 차도가 함께
나온다. 덕구실 육교를 건너 남한강변길 강변에 점심식사를 하기에
좋은 의자가 있다. 식사하면서 양평 방향의 한강을 바라보니, 멀리 양
근대교의 모습과 최종 목적지 양평역 옆에 있는 높은 주상복합 아파
트가 보이니 이제 멀지 않았음을 암시해준다. 강변 산책로를 따라
가면, 펜스가 쳐진 들꽃 수목원이 길게 이어진다. 펜스 넘어 수목원

덕구실 육교

수상스키 대여점

어린이 자연체험장

에는 어린이들 자연체험 교육현장 시설이 잘되어 있다.

오빈역

오빈역(梧濱驛)은 경기도 양평군 오빈리에 있는 중앙선의 전철역이다. 2010년 12월에 개통되었다. 2017년 일 평균 이용객 수 승차 374명, 하차 366명이다.

양근성당

양근성당 앞

오빈교차로 양평들꽃 수목원 양근성터

한국 천주교회 공동체 설립의 요람이며 전파의 중심지이자 신앙 선조의 순교터 양근 지방은 현재 양평군 일대이다. 양근이라는 지명은 '양제근기(楊堤根基)'라는 말에서 비롯했다. '방죽에 버드나무를 심어 농지 유실을 막고 튼튼한 근원으로 삼았다'는 뜻으로, 고구려 시대 때부터 써 왔다. 1908년 9월 양근군과 지평군을 합쳐 '양평군'이 됐다.

천주교 양근성지

버드나무 뿌리를 의미하는 양근(楊根)이란 지명이 유래된 천주교

고산정

성지(楊根聖地)가 있다. 양근성지는 한국 천주교의 창립 주역인 권철신와 권일신 순교자가 태어난 곳. 충청도와 전라도의 신앙을 실천했고, 신부가 없는 상태에서 모방 성직제가 행해진 곳으로 성지 부근은 양근천과 남한강이 만나는 오밋다리 부근, 양근리 관문골에서는 여러 사람이 순교했다고 한다. 양근이란 지명은 고구려 시대에 근거를 둔 지명이며 버드나무 뿌리를 의미하고 땅속 깊이 뿌리를 내려 폭우와 홍수로부터 제방의 붕괴를 막고 마을을 보호했다는 양근리 지역 전설 이야기다.

성지 맞은편에는 데크 계단으로 높이 오르는 동산에 고산정이라는 정자가 쉬어가라고 한다. 산정 밑에 황명걸 시비(詩碑)가 하나 있다.

용문산 정상

물안개공원을 조성할 당시에 빼어난 풍취를 감상하고자 새로이 건립
했다고 한다.

고산이란 명칭은 정자 아래로 보이는 떠드렁 산의 또 다른 이름에
서 유래되었다. 고산정에서 양평시내로 진입하는 차도를 따라 가다
가, 강변 둔치 산책로로 내려와 걸으니 바로 양평 읍내로 진입한다.

쉬엄쉬엄 걸어 3시간가량 걸어온 2코스는 여기서 마감하고 시장입
구로 들어선다. 오일장(3.8일) 순댓국집에서 막걸리로 허기 달래니
오늘의 걷기는 100% 만족이다.

물소리길 4코스 버드나무 나루께길 양평역~원덕역

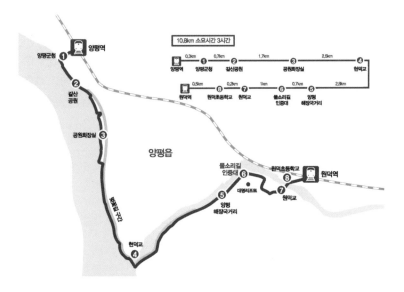

코스 양평역-양평군청-갈산공원-공원화장실-현덕교-신내사거리-회현마트-물

소리길 인증대-물소리길 쉼터-원덕초교-원덕역

거리 11Km 소요시간 4시간

대중교통 경의중앙선 용산역-양평역 60.5km, 93분 소요, 요금 2,250원

경의중앙선 용산역-원덕역 64.4km 105분 소요, 요금 2,250원

오늘의 걷기는 부득이 역(逆)으로(원덕-양평) 걷게 되었다. 원덕역-
원덕초교-물소리길 쉼터-물소리길 인증대-회현마트-신내 사거리-
현덕교-갈산공원-양평군청-양평역 코스로 걷는다.

원덕역(元德驛)은 양평군 원덕리에 있는 중앙선의 전철역이다. 부
기역 명은 추읍산으로, 추읍산(주읍산)에서 약 1.5km 거리에 있다.
2009년 12월 23일부터 수도권 전철 경의중앙선이 운행함에 따라 수
도권 전철 경의중앙선 전동열차가 정차한다. 무궁화호 열차는 무정
차 통과한다. 2017년 일평균 이용객 승차 469명, 하차 453명이다.

지평면에서 양평읍을 지나 남한강으로 흐르는 흑천(黑川)은 양평의
지질학적 탄생 과정을 소중하게 기록하고 있는 하천이다. 특히, 원
덕역 앞 추읍산이 보이는 흑천교 주변 하천 바닥에 노출된 암석 노두

강물이 만만치 않다

(路頭)는 훼손될 가능성이 높아 보인다. 상수원 보호지역임에도 불구하고 노두 바로 옆에는 강 건너 공사에 필요한 장비와 자재를 나르는 임시 다리가 놓여 있고 하천에는 토사가 쌓여 있기 때문이다. 암석 주변에는 낚시꾼들이 버리고 간 쓰레기들로 군데군데 어지럽혀져 있다. 양평군 물소리길 제5코스 흑천길(원덕역~용문역) 출발점이다.

걸으며 즐기며

오늘은 우연치 않게 코스를 거꾸로 역(逆)으로 한다. 원덕역에서 시작이다 어제까지 비가 내렸고, 오늘은 날씨가 좋다는 예보를 믿고 원덕역을 나와 초등학교 앞에 오니 물소리길 안내를 받는다.

초등학교를 지나 흑천 변에 이르니 강물 흐름이 만만치 않다. 아니나 다를까 습지를 만나 우회할 수 밖에 없는 상황이다.

3코스 도보 인증대까지는 왔는데 다시 습지를 만나 야산을 개척할 수 밖에 없다. 산 위에 올라가면 갈 수 있는 지형을 알 수 있을 것이다. 아무도 없는 야산에 어제 덜 내린 이슬비가 바지를 적시고 헤매다 산을 넘으니 길을 찾을 수 있었다. 흑천 따라 도로에 이르러 뒤를 보니 멀리 구름 덮인 칠읍산은 한 점의 동양화다. 물보라를 남기며 흘러가는 흑천 강물 장관이다.

흑천교 밑에서 준비해 간 간식으로 허기를 채우고 다시 걷기를 하

흑천

추읍산 구름 그림이 장관이다

회현리 동화마을   갈산공원 입구

려니 물소리길 안내 리본이 안 보인다. 물어볼 사람도 없는 인적이
드물다. 조금 지나오니 물소리길 로고가 있는 도로 방벽을 만나 안도
의 한숨이다.

　주위 맑은 정취에 빠져 걷다보니 회현리 마을회관과 동화마을, 충
신열녀문 창대리마을 꽃동산이 나온다. 이제 다시 물소리길 안내를
잃어버린 것이다. 할 수 없이 멀리 보이는 양평역 앞 고층빌딩을 보
고 도로를 따라 걸을 수 밖에 다음에 정코스로 걷기로 한다. 오늘은
산속을 헤매는 길 걷기를 기념하고 양평시장에 시장기 달래러 순대
국 집으로 가기로 하고 오늘 걷기를 마감한다.

제비 골절 전문 병원

양평역

양평군 물소리길 제4코스 버드나무 나루께길(양평역~원덕역) 출발점

양평역(楊平驛)은 1908년에 양근군과 지평군을 통합하면서 이 두 지역의 통합 지명인 양평군의 이름을 따서 생긴 지은 이름이다.

양평역은 경기도 양평군 양평읍 양근리에 위치한 중앙선의 철도역이자 수도권 전철 경의중앙선의 전철역으로 강릉선 KTX, ITX-새마을, 무궁화호 열차가 정차하며 정선아리랑 열차는 정차하지 않는다.

2017년 기준 1일 평균 이용객 수 승차 3,946명, 하차 3,992명 양평군 전철 정류장 중 이용객이 가장 많다. 양평역은 서울특별시 영등포구 양평동에 있는 서울 지하철 5호선 양평역(楊坪驛)과 한자한 글자만 다르고 한글·로마자 표기와 발음이 모두 같다.

물소리길 5코스 **흑천길** 원덕역~용문역

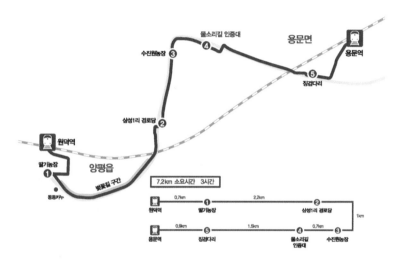

코스 원덕역-딸기농장-삼성1리 경로당-수진원 농장-물소리길 인증대-용문 생활

체육공원-징검다리-다문리-용문역

거리 7.2Km 소요시간 3시간

대중교통 경의중앙선 용산역-양평역, 60.5km, 93분 소요, 요금 2,250원

걸으며 즐기며

물소리길은 (사)제주올레에서 코스 기획, 운영 방식, 디자인 개발까지 제주올레가 직접 참여해 탄생시킨 '자매의 길' 중에 가장 난이도가 적은 곳이며, 물소리도 가장 많이 들을 수 있는 코스로 처음부터 끝까지 물소리를 따라 걷기에 길 잃을 염려가 없고 봄에 걷기에 더없이 좋은 코스다.

흑천(黑川)길은 용문면 삼성리에 거무내마을이 있는데, 이 냇물 바닥의 돌이 검은색으로 물빛이 검게 보인다 하여 붙여진 이름으로 양평군 청운면 성지봉에서 발원하여 용문과 원덕 개군면 회현리에서 남한강과 합류하는 하천이다. 하천가에 봄 벚꽃 나무가 장관을 이룬다.

길 주변에 별내 체험마을 딸기, 물놀이, 김장, 전통시골체험장을 지나 수진원농장이 있다. 수진원은 3만 평의 밭에서 콩을 생산하여

전통방식으로 장 담그는 사유지 농장이다. 사유지 침해하면 안 된다는 간판이 눈에 띈다.

물소리길은 바로 이곳에서 왼쪽으로 난 길로 안내한다. 원덕역 출발 3.2km 지점 거리표시 이정표가 전체 거리 6.2km 중에서 절반 이상을 걸었다고 한다. 하천 옆길에서 조금 높은 지역에 있는 산 아래 길로 올라 흑천 따라 걷게 한다.

무대 같이 보이는 작은 전망대 겸 쉼터가 있고, 그 옆에는 5코스 스탬프를 날인하는 인증대가 있다. 인증대 옆에는 송강 정철도 이 길을 걸었다는 안내문이 세워져 있다. 정철(鄭澈, 1536~1593)은 《관동별곡》에 "말을 갈아타고 흑수(黑水)로 들어가니 섬강(원주 섬강) 어디더냐, 치악(원주 치악산)이 여기로다."라 썼다.

여기에서 〈흑수〉는 여주로 알려져 있으나, 현재의 양평군이라고 한다. 흑천을 백산교로 건너는데, 앞에 건설 중에 부도가 난 콘도 건물이 흉물스럽게 방치되어 있다. 용문역까지 1km 남았다는 표시가 있는 곳에 용문체육공원에 속하는 대형 테니스장이 위치하고 있다. 흑천으로 유입되는 연수천 다리를 건너게 한 하천에서 올라오면 잘 정비된 흑천 옆 산책로를 따라 용문역으로 향한다.

물소리길 5코스는 시작부터 끝까지 물소리가 안내해준다. 용문역에 거의 다 와 어수물 어수동 안내 간편이 있나.

조선시대 세종, 세조, 성종도
월정사로 행차하던 중에 이곳 우
물에서 물을 마셨다고 전해진다.
왕이 마신 우물이 있는 곳이라 어
수물 어수동이라 부르는데 여름엔
간간이 땅 위로 샘물이 올라오지
만 다른 계절에는 우물물이 땅 밑
으로 흐른다고 한다.

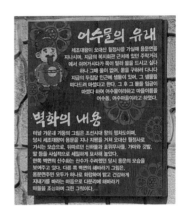

용문역에서 만난 "천년 장터(5.10일)"는 덤이다. 먹거리, 입을 거리
가 주를 이룬다. 장터국수는 허기진 배를 채우기에 충분한 포만감이
다. 물소리길 5코스 중에 가장 편안한 길이며, 물소리를 가장 많이
들을 수 있고, 가장 짧은 거리다.

물소리길 6코스 용문산 은행나무길 용문역~용문산 관광지

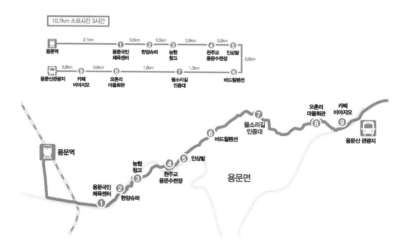

코스 용문역 3번 출구-용문 양묘사업소-용문 생활체육공원-마룡2리 마을회관-용

문단위농협 창고-풀향기펜션-애화몽펜션-천주교용문수련장-버드힐펜션-오촌리

마을회관-세미정-구름산책 펜션-현미네 민박-용문산 관광안내소

거리 10.3km

소요시간 2시간 50분, 난이도-보통, 깔딱고개 2개 있음

대중교통 경의중앙선 용산역~용문역 71.7km, 100분 소요, 요금 2,350원

용문역(龍門驛)은 경기도 양
평군 용문면 다문리에 있는 중
앙선의 철도역이자, 수도권 경
의중앙선의 전철역이다. 경의
중앙선 열차 대부분이 이 역
에 종착하며 일부는 지평역까
지 연장운행된다. 1914년 3월

1일 상서면과 하서면을 합면하여 용문면이라 불린 데서 유래하였다.
2017년 일 평균 이용객 승차 3,335명, 하차 3,339명으로 양평역 다
음으로 이용객이 많다. 양평 물소리길 6코스 용문산 은행나무길 출
발점이다.

걸으며 즐기며

오늘은 탐사 겸 나홀로 6코스를 가기로 하고 막걸리 한 병 봇짐을
챙겨 경의중앙선을 탄다. 용문역 3번 출구로 나오면 물소리길 용문
산 가는 길 코스 안내판이 나온다.

용문역 3번 출구로 내려와 물소리길 6코스를 시작하기 위해 이정
표를 지나면서부터, 미세먼지 근심 걱정을 덜어내고 멀리 보이는 용
문산 정상의 통신 탑 위로 흘러가는 구름들의 한가로움을 부러워하

낚시꾼

다슬기잡기

며 흑천을 따라 걷는 강변길 가로수가 초여름 더위를 식혀준다.

다리 밑에서 막걸리 한잔으로 쉬고 있는 농부도 부러워 보이고, 낚시대 담궈 놓고 파라솔 밑에서 졸고 있는 낚시꾼도 부럽고, 흑천에서 다슬기 잡고 있는 아낙네들도 한가로워 보이고, 용문생활체육공원 시설을 지나며 마을 어르신들이 가꾸는 포도, 머루, 장미 덩쿨 터널을 지나며 갈길이 아직인데 터벅이의 발걸음은 마룡교를 건너 마을 회관과 농협 창고를 지나 애화몽이라는 간판을 안내해준다.

용소교 직전 애화몽 팬션이 서울로 치면 예술의 전당만큼의 비중 있어 보이는 팬션이 있다. 길가에 가끔 보이는 뱀이 차 바퀴에 깔려 죽어 있다. 용문사 입구에 뱀탕집이 많은 이유를 알듯하다. 용소교를 지나 조금 오르니 세심정(洗心亭)과 세장동구(世藏洞口)가 나온다. 물소리길 6코스는 세심정을 만나기 위함이 아닌가 싶다.

여기가 물소리 마지막인가?

세심정과 세장동구의 유래

세심정은 조선 중종 때의 대사헌 조광조(趙光祖, 1482년~1519년)의 수제자인 조욱(趙昱, 1498년~1557년)이 기묘사화(1519년)의 여화(餘禍)를 피하기 위해 낙향하여 1561년(명종 16년)에 지은 정자인데, 제자들과 도학(道學)을 강론하던 유서 깊은 곳이다. 조욱은 이 정자의 제액(題額)을 세심정이라 하고, 당호(堂號)를 세심당(洗心堂)이라고 하였는

세장동구 (世藏洞口)
"평양조씨 인간세 감출장 마을동 입구"
세장지란 조상대대로 묘를 쓰는곳을 말하며
세장동구란 이러한 땅으로 들어가는 마을
입구를 말합니다.
조욱선생님은 세상으로부터 나를 감췄다
또는 묻었다 라는 은유적표현으로 바위에
이렇게 남기셨답니다

세심정

데, 이 정자에서 학문 연구와 후진양성에만 전념하여 용문선생(龍門先生)이라고 불렸다.

세장동구는 세심정 전방에는 조욱의 글씨로 평양조씨세장동구(平壤趙氏世藏洞口)라고 새겨진 바위가 있으며, 주위가 석축(石築)으로 이루어진 20여 평 규모의 연당(蓮塘)이 있다. 현재의 건물은 60여 년 전에 중수(重修)한 것인데, 중수한 원상(原狀) 그대로 잘 보존되어 있다. 자연석 암벽에 세로 3m, 가로 26~30cm의 음각된 글씨. '평양조씨세장동구' 음각으로 되어 있고, 조욱의 필적이라고 전해온다. 세심정에서 약 30m 전방 도로변에 위치하고 있으며, 1498년(연산군)~1557년(명종) 때 조선 중기의 학자이다. 본관은 평양(平壤). 자는 경양(景陽), 호는 용문(龍門), 보진재(葆眞齋). 시문과 서화에 능하였으며, 서경덕(徐敬德)·이황(李滉) 등 당대의 명사들과 교유하였다.

이조참의에 추증되었고, 용문서원에 배향되었다. 저서로 《용문집》이 있다.

세심정 소나무 그늘 아래서 준비한 간식을 먹고 마음 씻는 시늉을 해본다. 대형 트럭들이 오가는 현장을 보니 어느 산 기슭 하나 무너지지 않았나 싶다. 안내 리본을 따라 인삼밭을 지나니 산길이다.

2km 이상 되는 넓은 임도이긴 하지만, 낮은 오르막은 계속됐고, 신록이 있어 불편하지는 않았다. 오르는 도중 텃밭도 아닌 7,8백 평의 산비탈을 개간하고 있는 아저씨와 대화 일부다.

산골 전원

물소리길 표지

　비닐천막과 콘테이너 땅 준비는 10년 넘었는데 시작은 2년째라 한다 아마 정년퇴직하고 지금 시작하고 있는 모양이다. 열심히 하시라 하고 길을 나선다. 깔딱 개념의 고개에 이르니 물소리길 6코스 인증대를 지나 포장하기 전 도로를 나선다. 한참을 지나 인증 도장을 찍지 않음을 알았지 되돌리기엔 너무 와버렸다.

　3km 정도 남기고 마을 입구에 오니 멀리서 고라니 울음소리가 들린다. 여기도 산골 이구나 여기며 다시 고개를 넘으니 오촌리 용문산 주차장이다. 오늘의 목표는 무사히 달성한 셈이다. 물소리길 종점이란 표시 인증하고 오늘은 여기까지다.

　갈 때는 용문역까지 버스를 이용하면 된다. 버스는 1시간에 1번씩 있다. 식당 봉고차가 있는데 음식을 먹어야 이용할 수 있다고 한다. 용문역 앞 순대국 집에서 저녁 겸 식사를 하고 경의선 전철을 탄다. 오늘로 양평 물소리길 전 코스 걷기를 마무리한다.

용문산

용문사

용문사(龍門寺)는 신라 신덕왕 2년(913년) 대경대사가 창건했다고 전하며, 일설에는 경순왕(927~935년 재위)이 친히 행차하여 창사했다고 한다.

고려 우왕 4년(1378년) 지천대사가 개풍 경천사의 대장경을 옮겨 봉안하였고, 조선 태조 4년(1395년) 조안화상이 중창하였다. 순종 원년(1907년) 의병의 근거지로 사용되자 일본군이 불태웠다. 1938년 태욱 스님이 대웅전, 어실각, 노전, 칠성각, 기념각, 요사 등을 중건하였으며, 1982년부터 지금까지 대웅전, 삼성각, 범종각, 지장전, 관음전, 요사채, 일주문, 다원 등 중건 현재에 이름이다.

용문사 은행나무

우리나라에서 가장 크고 오래된 은행나무인 양평 용문사 은행나무는 높이 62m, 가슴둘레 14m, 나이는 약 1,100살로 천연기념물 30호로 지정된 아주 소중한 나무다. 이 은행나무의 기원에 대해 당시 절을 짓고 난 다음 중국을 왕래하던 어느 스님이 가져다 심었다는 설, 의상대사가 자신이 짚고 다니던 지팡이를 용문사에 꽂았는데 그곳에서 싹이 난 것이라는 설, 신라 마지막 임금인 경순왕의 아들 마의태자가 나라 잃은 한을 잊기 위해 모든 것을 버리고 금강산으로 가던 길에 이곳에 들러 자신의 지팡이를 버렸는데 그것이 지금의 은행나무가 되었다는 설 등의 여러 가지 기원설이 전해오고 있다.

전설과 함께 많은 전란 속에서도 유독 이 나무만은 불에 타지 않았고, 나라의 큰 환란이 있을 때마다 소리를 내어 운다는 전설이 깃들어 있어 은행나무를 더욱 신비롭게 한다.

상원사(용문산)

상원사 또는 상원암이라고도 한다. 창건 시기는 알려지지 않았으나 유물로 미루어 보아 고려시대에 창건된 것으로 추정한다. 1330년대에 보우가 이 절에 머물며 수행했고, 1398년(태조 7년)에 조안이 중

용문산

창했으며, 무학대사가 왕사를 그만둔 뒤 잠시 머물렀다고 한다. 1458
년 해인사의 대장경을 보관하기도 하였다. 1462년(세조 8년)에는 세
조가 이곳에 들러 관세음보살을 친견하고 어명을 내려 크게 중수했
다고 하는데, 최항이 그때의 모습을 기록한《관음현상기觀音現相記》가
지금도 전해지고 있다.

　1463년(세조 9년)에는 왕이 직접 거동하였으며, 효령대군(孝寧大君)
의 원찰(願刹)이 되었다. 후에 끊임없이 중수되어 왔으나 6·25 한국전
쟁 때 용문산 전투를 겪으면서 다시 불에 타 없어졌다. 1969년에 덕
송(德松)이 복원에 착수했으며, 용문사의 암자에서 독립시켰다.

물소리 6-1 코스 **용문 꼬부랑길** 용문역~꼬부랑산~다문리 꽃길

코스 용문역-어수물-다문리 꽃길-흑천 징검다리-섬실 고개-꼬부랑산-용화 약수

터-다문리 꽃길-양묘 사업소-용문역

도상거리 6km   소요시간 3시간 예상

　다문8리는 예부터 '어수물'이라고 불리는데 이는 조선조 7대왕인
세종대왕이 강원도 오대산 월정사 행차 시 지나면서 마신 물이 어수

흑천

물'이었다는 데서 나온 속지명이다.

용문역 3번 출구로 나오면 다문리 꽃길이라, 앞에는 흑천(黑川)이 흐르고 흑천을 건너서 약수터로 올라가 섬실고개로 오르는 구간이 꼬부랑길, 구불구불 긴 구간은 아닌데 곧장 오르면 힘이 든다.

구불거리게 해 놓은 길 고개에 올라서니 좌측으로 '약수터에서 오는 길'이라고 쓰여 있고, 우측으로 헬기장이고 곧장 넘어가면 산수유 마을(볼래길), 꼬부랑산은 이름이 따로 사금내산이라고 다시 다문리 꽃길을 걷다가 물소리길을 걷다가 어수물도 만난다.

약수터

섬실고개

꼬부랑길

걸으며 즐기며

용문 가면 꼬부랑길이 있다

오늘은 두 꼬부랑이 그 길을 걷기로 하고 용문역으로 갔다

역시 산길은 꼬부랑이다 계곡엔 아직 잔설이 남았는데 진달래

동백나무 산수유는 아랑곳 않고 움 틔운다.

역시 산바람은 미세와 관계없이 시원하다

산바람 좋아하는 옆에 꼬부랑 할멈 기분 맞추니 좋아한다

꼬부랑길은 역시 꼬부랑한테 적당한 길이다

쉬엄쉬엄 오르내리니 꼬부랑길이 끝났다

산수유 만발할 때 또 올게 한다

꼬부랑길(280.7m)은 옛날 실제 산너머 섬실마을 사람들이 장날 쌀과 곡식을 지게나 소달구지에 실어 장에 팔기 위해 만든 길로 경사가 심해 꼬불꼬불 만든 것이 유래되었다고 한다.

추읍산(칠읍산)

옛적에 아주 유명한 지관이 전국에 명당자리를 찾아다니던 끝에 용문산에 읍하고 있는 형상이라 추읍산이라 하였으며 정상에서 보면 양근, 지평, 여주, 이천, 양주, 광주, 장호원의 '칠읍이 보인다' 하여 칠읍산이라고도 불리워지고 있다. 고 한다.

섬실(석실), 섬실고개

섬실은 여름에 물이 불어 물이 빠질 때까지 건너지 못했다고 한다. 요즘도 장마가 지면 마찬가지다. 섬실은 자연마을로 두꺼비 형상이라 하여 섬실(蟾室)이라고도 하고, 옛날 사람들이 돌로 집을 짓고 살았다 하여 석실이란 지명을 갖게 되었고, 점차 섬실로 변천되었다고 한다.

Part 2

건기 좋은 둘레길

남양주 다산길 2-3코스 팔당역~운길산역

코스 팔당역-팔당댐-봉안 철길 터널-연꽃 체험마을-능내리 능내역 정경-다산 유

적지-두물머리 풍경-운길산역까지

도보 거리 11km   소요시간 6시간

대중교통(팔당역) 전철 경의중앙선 문산역-용문, 지평역 : 122km,

소요시간 3시간, 교통비 2,950원이다

경기도 남양주 다산길

  다산길은 경기도 남양주시가 최근 개장한 남양주의 올레길이다. 남양주는 총면적의 70%가 산림으로 되어 있다. 산만 높은 게 아니다. 물길이 있다. 북한강이 남양주를 따라 흘러와 양수리에서 남한강과 만나 마침내 한강의 발원지가 되는 셈이다. 남양주는 산과 강이 어울려 훌륭한 걷기 여행 코스를 제공한다.

  여기에 한 가지 더, 조선 후기 위대한 학자 다산 정약용의 실학정신이 깃들어 있어 역사의 향기도 높다. 다산길이란 이름도 여기서 나왔다. 총 13개 코스에 총 길이는 179.8km다. 코스마다 짧게는 2~3시간, 길게는 7~8시간까지 걸린다.

다산길 코스

1코스 – 한강나루길–예봉산 입구 : 9.4km 4시간 30분

2코스 – 다산길 : 3.4Km, 1시간 10분

3코스 – 새소리 명당길 : 4.8Km, 2시간 15분

4코스 – 큰 사라 안길 : 15.4Km, 8시간

5코스 – 문안산길 : 17.3Km, 8시간 35분

6코스 – 마재 고개길 : 6.5Km, 3시간 30분

7코스 – 마치 개길 : 20.3Km, 9시간 30분

8코스 – 물골안길 : 9.2Km, 5시간

9코스 – 축령산 자락실 : 10Km, 6시간

10코스 – 거문고길 : 12.5Km, 6시간 30분

11코스 – 수목원길 : 11.5Km, 6시간

12코스 – 옛성 산길 : 12.5Km, 6시간

13코스 – 사릉길 : 15.2Km, 8시간

이번 코스는 다산 유적지를 중심으로 코스 가운데 가장 인기가 높은 중앙선 복선화로 폐선이 된 팔당역-능내역-운길산역 구간의 철길을 따라걷는 코스로 한강나루길(1코스)과 다산길(2코스), 새소리 명당길(3코스) 등 3개의 코스를 지나는 강변따라 철길, 다산 유적지, 한강과 함께 즐길 수 있는 호젓한 산책길을 둘러볼 수 있다.

팔당역

주로 양평, 용문 라인으로 경의중앙선에서 아무 곳에서나 승차하면 된다. 서울에서 많이 이용하는 역으로 홍대입구, 용산, 왕십리, 상봉역이다. 자리를 잡고 앉아서 가려면 적당한 역을 선택해야 한다.

팔당역은 한강을 마주보고 있는 수도권 중앙선 전철역이다. 현 역사가 2007년에 완공되어 사용을 개시함에 따라 옛 역사는 보존되고

있으며, 구 역사의 선로는
남한강 자전거길의 선로
와 연결시켜 놓았다.

팔당역

전철 경의중앙선 전동
차를 제외한 ITX-새마을,
무궁화호와 같은 일반 열
차는 모두 무정차 통과한
다. 2017년 일 평균 이용객 승차 1,067명, 하차 1,054명이다.

역명과 유래

고대전설에 의하면 원시시대에 웃마을에는 인가 여덟 회[八戶]가
있고, 아래 마을에 인가 여덟 호가 있어 이를 지칭하여 팔당(八堂)이
라고 한데서 비롯 되었다고 한다.

팔당댐

북한강과 남한강의 합류점에서 하류 쪽으로 7㎞ 지점에 위치한다.
1966년 6월 팔당수력발전소 건설에 착수 1973년 12월에 준공했다.
댐의 높이 29m, 길이 510m, 총 저수량 2억 4,400만 톤의 중력식 잠
언제, 일류문비(너비 20m, 높이 16.75m)는 15문으로 구성되어 있다.

발전소 내에는 저낙차 지점의 수력을 효율적으로 이용하기 위

팔당댐 아래

팔당댐 위에서 본 전경

해 국내 최초로 밸브형 수평축 카프란 수차 4대와 2만 2,000kW 발전기 4대를 설치했다.

이 댐의 완공으로 연간 2억 5,600kW의 전력을 생산하여 경인지구의 첨두 수요를 담당할 수 있게 되었으며, 수도권 광역 상수도의 취수원으로서 서울 및 수도권 지역에 하루 260만 톤의 물을 공급하여 상수도 용수 부족을 해결했다.

또한 1초당 124톤의 물을 발전하여 방류함으로써 한강의 범람 및 오염 방지에도 기여하고 있다. 그러나 최근의 심각한 오염으로 인해 취수원으로 부적합하다는 일부 조사 보고마저 나오고 있는 상황이다.

팔당댐 가는 길

봉주르 카페 입간판

봉안 철길 터널

능내역

능내역(陵內驛)은 중앙선의 신호장이었다. 2008년 12월 29일에 중앙선 광역전철의 운행 구간이 국수역까지 연장 이설되면서 능내역을 지나가지 않아 자연스럽게 역이 폐지되었고, 이 역을 대신하여 3.5km 떨어진 곳에 운길산역이 신설되었다. 현재 능내 역사는 건물을 리모델링하여 관광용 및 쉼터로 사용중이며, 철로는 전부 자전거 도로가 되었다. 2008년 12월 29일 수도권 전철 중앙선 팔당역-국수역 구간 개통으로 공식 폐지되었다.

참고 신호장(信號場)은 운전 취급 가운데 열차의 교행과 대피만을 위해 설치되는 철도역의 한 종류이다. 보통 여객이나 화물 취급을 하지 않지만 가끔 여객 취급을 병행하는 경우도 있다.

카페로 변신한 능내역

경강선 : 대관령역, 남강릉역

경부선 : 전동역, 서창역, 내판역

경원선 : 마전역.

경전선 : 동송정역, 평화역

광양제철선 : 초남역, 황길역

동해선 : 선암역, 동방역, 달리역

영동선 : 문단역, 솔안역, 상정역, 도경리역

장항선 : 주포역

전라선 : 성산역.

중앙선 : 유교역, 금교역, 창교역, 연교역, 죽령역, 안정역, 옹천역, 서지역, 업동역, 비봉역, 봉림역, 갑현역, 송포역, 율동역.

태백선 : 청령포역, 탄부역, 연하역, 조동역

호남선 : 채운역

양수리 전경

다산 정약용의 마지막 길, 마재(마현부락)의 다산 유적지 양수리에서 팔당댐 방향으로 약 3km 거리에 위치한 마재는 경기도 기념물 제7호로 지정되어 있는 다산 정약용 선생의 산소가 위치해 있으며, 아울러 다산 정약용을 비롯한 4형제의 생가 터가 있는 곳이다.

마재는 그 모양이 혹처럼 불쑥 튀어나와 있어 마치 한강물을 지키는 파수꾼 같다. 마재에서 200m 거리에 있는 다산 유적지에는 사당과 기념관, 생가 터 등이 그대로 보존되어 있고 언덕 위에는 다산의 묘소가 있다. 이 묘소에서 내려다보면 마을과 한강을 넘어 천진암이 있는 앵자봉 계곡이 펼쳐져 있다. 마재에서는 또한 천진암 앵자봉 능선을 멀리 바라다 볼 수 있다.

양수리

신앙과 유배, 실학사상으로 정리되는 다산의 삶

다산 정약용은 조선 후기 실학을 집대성한 학자로 우리의 기억 속에 남아 있다. 또한, 약현의 사위가 황사영, 이들 형제의 누이가 최초의 세례자 이승훈의 부인이라는 것을 보면 정씨 형제가 얼마나 천주교와 깊은 인연을 맺고 있었는지 짐작할 수 있다. 이들 중 다산은 수원화성 증축에 사용된 거중기(擧重機) 등을 발명했으며, 형 약종처럼 순교하지는 않았으나 천수를 다하면서 《목민심서》, 《경세유표》, 《흠흠심서》 등 수많은 저서를 남겼다.

본래 요한이라는 세례명을 받고 10여 년간 열심히 신앙생활을 했고, 신유박해(1801년) 때 배교함으로써 죽음을 면하고 전남 강진으로 유배를 갔다. 실학을 집대성한 5백여 권의 주옥 같은 저서는 바로 이 무렵 18년 간의 유배생활 동안 쓰여진 것이다.

유배생활을 끝내고 다시 이곳 마재로 돌아온 그는 보속하는 뜻에

수원화성 증축에 사용된 서승기

입장료 무료
동절기(11월~2월) 오전 9시~오후 6시(입장 가능시간 : 오전 9시~오후 5시)
하절기(3월~10월) 오전 9시~오후 7시(입장 가능시간 : 오전 9시~오후 6시)

서 기도와 고행의 삶을 살다 중국인 유방제 신부에게 병자성사(病者
聖事)를 받고 75세를 일기로 세상을 떠났다.

다산 정약용의 삶(1762~1836)

1762년(영조 38년) 6월 16일 경기도 남양주시 조안면 능내리에서
부친 정재원(丁載遠), 모친 해남 윤씨(海南尹氏, 고산 윤선도, 공제 윤두서
의 후손)의 4남으로 출생.

1776년(영조 62년) 2월 22일 풍산 홍씨(豊山洪氏)와 결혼 1789년(정
조 13년) 봄에 문과에 급제하여 희릉직장, 3월에 당하문관(堂下文官)중
문학이 뛰어난 자를 뽑아 쓰는 초계문신(抄啓文臣)에 임명되고, 그해

겨울에 배다리[舟橋]의 제작 규제를 만들어 공을 세움.

1792년(정조 16년)봄에 홍문관 수찬(弘文館 修撰)이 됨. 겨울에 수원 화성을 설계하고 거중기와 녹로, 유형거를 고안하여 성 축조에 이용함.《성설(城設)》,《기중도설(起重圖說)》을 지어 올려서 4만냥의 경비를 절약하고, 공사기간을 7년이나 단축시킴.

1794년(정조 18년) 성균관 직강(直講)에 임명되고, 경기 암행어사로서 탐관오리를 벌함. 이후 홍문관 교리(校理)·수찬(修撰)이 됨.

1795년(정조 19년) 동부승지(同副承旨), 병조참의(兵曹參議), 우부승지(右副承旨)를 제수. 주문모 사건에 연좌되어 7월 충청도 금정찰방(金井察訪)으로 외보됨.

1800년(정조 24년) 봄 처자를 데리고 고향으로 돌아와 저삭에 주력

함. 6월 정조가 승하하고 11살의 순조를 대신하여 정순왕후가 수렴
청정함.

1801년(순조 1년) 책롱 사건으로 장기현으로 유배, 황사영 사건으
로 강진으로 이배됨. 1808년(순조 8년) 봄에 도암면 만덕동의 다산(茶
山)에 있는 다산초당으로 이주함. 1818년(순조 18년) 이태순의 상소로
유배에서 해배, 9월 14일 마현 고향으로 돌아옴.

1836년(헌종 2년) 75세, 회혼일인 2월 22일 진시(辰時)에 마현 자택
에서 서거함. 1910년(순종 4년) 7월 18일 정2품 정헌대부 규장각 제학
으로 증직, 시호를 문도공으로 하사 받음.

북한강

어느덧 한강의 발원지 양수리에 이르러 남, 북의 푸르름을 즐긴다.

그 길이 그 길 아니네

8년 전 걸었던 그 길인데
그 길이 아님을 알았다
내 몸도 그 몸이 아님을 알았다
몸과 마음의 합의하에
큰맘 먹고 나선 길이다
오늘같은 날의 선택은 정말 잘했다
하늘이 푸르니 산도 강도 푸르다
덤으로 내 마음도 푸르다
오늘같은 날은 운 좋은 날이다
고맙다 하늘아 강아 바람아
남한강 강변은 사철 걷기에 좋다
특히 오늘은 운수 대통 날이다
길을 나서면 가끔 이런 날을 꿈꾼다.

인천 둘레길 12-13코스 서울역~인천역, 동인천역

코스 인천둘레길 12-13코스로 화도진공원-자유공원-월미공원-차이나타운

역 정보 동인천역, 인천역

대중교통 서울역- 동인천 역 37km   소요시간 70분, 교통카드 요금 1,750원

   동인천역은 인천시 중구에 있는 경인선의 수도권 전철 1호선이 운
행한다. 1899년 9월 경인선 인천~노량진 간 개통 1974년 8월 15일
수도권 전철 운행.

동인천역 주변 : 송현공원, 자유공원, 화도진공원, 화평냉면골목, 중앙
시장

인천역 주변 : 대한제분 인천공장, 차이나타운, 사유공원, 월미도 전통

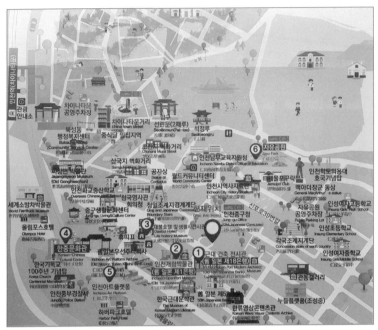

차이나타운 안내도

공원

2018년 기준 동인천역 1일 이용객 수 : 1호선 승차 17,577명, 하차 16,823명

2018년 기준 인천역 1일 이용객 인원 수 : 호선 승차 3,852명, 하차 3,807명

역시 춘천역과 남춘역과 마찬가지로 동인천역이 주요 중심지임을 알 수 있다.

걸으며 즐기며

동인천역에서 하차 4번 출구로 나오면 북부광장이 나오고 역 앞이 화도진광장이다. 역 광장 좌우에 먹자골목이 있는데 우측은 40년 전통의 순대타운이고, 좌측은 맛 기행 TV 방영에 자주 나왔던 양푼이 화평냉면골목이다. 냉면골목을 따라 걷다보면 드라마〈전원일기〉에 김노인 역 냉면천국 주인장 집도 나온다.

골목길을 따라 조금 가면 첫 번째 볼거리 화도진공원의 역사 현장을 쉽게 찾을 수 있다. 해설사의 안내를 받아 화도진의 역사를 쉽게 들을 수 있다.

화도진공원(花島鎭公園)

넓이는 약 2만 2천㎡이다. 1982년 한·미수교 100주년을 맞아 조성한 공원이다. 화도진은 1882년 조미수호통상조약이 체결되었던 역사적 현장으로 인천광역시 기념물 제2호로 지정되어 있다. 1982년 이곳에 기념 표지석을 세웠으며, 1988년 12월에 동헌·안채·사랑채·전시관 등을 세워 옛 모습을 복원하였다.

화도진지 부근은 소나무와 정자, 벤치 등이 잘 꾸며져 있어 산책하기에도 좋고, 1997년 인천광역시 최초로 인공폭포가 조성되기도 하였다. 이 폭포는 높이 8m, 너비 12m로 안개 분수와 야간 조명시설을 화도진이라는 이름은 육지를 뜻하고 '곶'에서 '곶섬'이라고 부르다가 된 발음 '꽃섬'이 된 것을 한자어로 화도진이라고 부르게 되었다는 말도 있고, 이곳 지명인 '화도리'의 지명을 따서 화도진이라고 했다는 말도 있다.

진지를 만든 것은 고종이 신임하는 신헌의 아들 어영대장 신정희였는데 1878년 인천에서 포대를 설치할 장소를 선정하고 제물진 주변에서부터 포대축조 공사를 진행했다. 이때 석재는 단단한 강화도의 돌을 썼고 몹시 추운 겨울날을 빼고 밤낮으로 일해서 다음해 7월 1일 작업 대부분을 마무리했다고 한다.

이 화도진은 인천 앞바다를 지키고 있는 6개의 포대를 지휘하는 야전사령부 노릇을 하게 된다. 진영을 지키는 별장은 자주 교체하지 않도록 임기를 30개월로 했다. 포대는 돌이나 흙으로 둑을 쌓아 육지와 연결했고 적의 상륙이 예상되는 해안에는 토둔 요즘으로 말하면 벙커가 있어서 외족의 공격에 대비했다. 토둔이 화도진 주변에만 설치되어 있는 것은 다른 해안에 비해 갯벌이 짧아 적의 상륙이 쉬웠기 때문이다.

포대는 이렇게 해안으로 돌출된 언덕의 밑이나 해안 저지대에 만들어졌는데 이유는 적선이 수로를 통과하려 할 때 눈에 띄지 않는 곳에 숨어 있다가 적선이 접근하면 불시에 기습공격을 하려는 것이었다. 포대의 위치 말고도 포대의 배치에도 치밀하였는데 우리의 전통화포로는 서양의 전투함을 막을 수 없다는 것을 병인양요를 비롯한 여러 전투에서 충분히 겪었기 때문이다.

이렇게 포대는 방어시설로 만들어졌는데 하나는 강화 수로를 통해서 서울로 접근하는 적선의 수로통과를 막는 것이고, 다른 하나는 인천과 부평의 육로를 통하여 서울로 접근하려는 적선의 해안상륙을 막기 위한 것이었다.

외적을 막으려고 만든 화도진은 외국과의 조약체결 장소가 되었고 화도진은 결국 1894년 갑오개혁 때 군제가 개편되면서 사라지게 된다. 일부 건물은 혈려 월미도에 주둔하게 된 지위연대의 예하대병영을 건축하는 데 쓰이고 화도진에 남아있던 건물은 해안매립 때 철거되고 만다. 그 뒤 월미도의 지위연대는 적을 방어하는 역할이 아니라 제물포로 들어오는 외국 배를 환영하는 뜻으로 예포를 쏘는 의전행사의 부대로 전락하고 만다.

1982년 한미수교 100주년이 되는 해를 기념하기 위하여 표석비를 세웠고 6년 뒤인 1988년 올림픽이 있던 해 9월 화도진에 그려진 그림을 보고 동헌과 포대를 갖춘 건물로 복원하여 인천광역시 기념물 제2호로 지정했다.

〈1879년 화도진 축조배경과 과정〉

갖추고 있다.

동헌에는 1882년 조미수호통상조약 체결 모습을 밀랍인형으로 꾸며 놓아 학생들의 역사 교육장으로 이용된다. 안채에는 보료와 반진고리, 버선장, 삼층장, 반닫이 등 각종 생활 유물들이 진열되어 있

1882년 조미수호통상조약 체결 모습

고, 대청마루에는 찬장과 뒤주, 탁자들이 당시의 생활 모습을 재현하고 있다. 사랑채는 병영 건물로 꾸며져 있다. 한편 전시관에는 옛 군인들의 모자와 갑옷, 화포 등 600여 점의 유물이 전시되어 있다.

1990년부터 매년 정월 대보름에 전통문화 축제를 열어 왔으며, 2000년부터는 조미수호통상조약을 기념하는 축제를 개최한다. 전통예술인들이 은율탈춤과 서해안 풍어제 등 각종 전통문화 공연을 한다. 매년 5월 초순에는 철쭉제를 열며 어린이 백일장과 그림대회를 열기도 한다. 동인천역에서 도보로 10분 거리에 있다.

인천학도호국단 호국기념탑

자유공원

인천상륙작전을 지휘한 맥아더 장군의 동상은 인천의 상징처럼 여겨지는 민족상잔의 뼈아픈 기억을 되살리며, 인천시민의 안식처로 각광을 받고 있다. 공원 정상의 맥아더 동상과 한미수교 100주년 기념탑을 비롯해 자연보호 헌장탑, 충혼탑, 자유의 여신상, 석정루 등

맥아더 장군 동상 　　　　　　　제물포 선교 경로 안내도

이 세워져 있으며, 학익동 언덕에 묻혀 있던 선사시대의 유물인 지석묘를 옮겨놓았다. 그밖에 1,000여 점의 유물을 소장하고 있는 인천시립박물관과 측후소(測候所, 기상대의 전 이름) 등의 문화기관이 있다.

　자유공원은 인천 시가지와 주위의 연산(連山), 항만, 앞바다 등을 한눈에 바라볼 수 있는 시민의 휴식, 위락장소이며, 미술대회, 글짓기대회 같은 각종 행사도 자주 열린 공원이다.

　진정한 자유를 기원하며 구한말 개항의 물결 속에 당시 인천의 제물포항은 외국 열강의 자본과 사람이 조선으로 들어오는 통로가 되었고, 이곳에 거주하는 외국인을 위한 만국공원이 1888년 세워졌다. 서울 최초의 근대공원인 탑골공원보다 9년 앞서 세워진 근대 공원이었다. 인천항과 바다를 한눈에 담는 경관을 바라보는 외국인 주재원들의 별장이 세워지는 등 이국의 공간이 되었던 공원은 일제 강점기를 맞아 일본 신사가 들어선 '동공원'의 반대 방향이란 의미의 '서공원'으로 이름을 바꾸었고, 1957년, 한국전쟁 당시 맥아더 장군의 인천상륙작전을 기념하는 동상을 건립하면서 자유공원으로 다시 이름을 바꾸며 오랫동안 인천을 대표하는, 한국 근대사의 명소로 자리 잡기에 충분하다.

맥아더 장군을 만나고 내려오니 차이나타운이 보인다. 허기진 배를 채우고 월미도공원(月尾島公園)으로 향한다.

월미도공원

월미도는 섬의 모양이 반달처럼 휘어져 있다하여 이름 지어진 곳으로 대표적 휴식공간이다. 공원 가기 전에 꼭 보여주고 설명해 줄 곳이 있다고 한다. 세계 최대 벽화라는 '인천항 곡물 저장고 벽화'는 최근 최대 벽화 기록으로 인증 받아 기네스 월드 레코드 누리집에 게재되었다고 자랑 겸 설명이다.

벽화 이야기

아파트 22층과 같은 높이인 48m에 길이 168m, 둘레 525m로 4면의 전체 면적 2만 5200㎡ 중 도색 면적은 2만 3688㎡로 이는 기존에 가장 큰

곡물 저장고 벽화

작약도와 멀리 인천공항

예포대

152

야외 벽화인 미국 콜로라도의 푸에블로 제방 1만 6554㎡에 비해 1.4배 크다. 이 야외 벽화를 그리는데 전문 인력 22명 투입돼 거의 1년이 걸렸다. 비용은 5억 5,000만 원, 페인트 양은 86만 5400ℓ이다.

또한 월미도는 인천상륙작전이 있었던 곳으로 한국전쟁 이후에 미군이 주둔하다가 철군하고 한국 해군이 주둔 후 1980년 이후에 관광지가 조성이 되었다. 매년 월미도 관광 문화축제가 열리며 풍어제와 인천 갯가의 노래, 뱃노래, 국악제 등 춤과 노래를 즐길 수 있고, 요즘은 상업적인 공원으로 휴일에는 많은 사람들이 찾는 유원지로 각종 놀이기구들이 있어서 연인들의 데이트 장소로도 유명하다.

정상에서 보이는 것들

인천대교

인천대교는 2009년 10월 16일 개통 바다를 가로지는 그 길이는 18.38km로 우리나라 최장 교량이다. 길이로는 세계 7위, 주탑 사이를 가리키는 주경 간 800m 거리의 사장교는 세계 5위의 멋진 풍경으로 드라마 〈아테나 : 전쟁의 여신〉의 촬영지로도 유명한 대교는 서울, 인천, 경기도, 강원도, 충청도 등 각 지에서 인천 공항을 쉽고 빠르게 이용할 수 있다. 통행요금은 소형 기준 5,500원(비싼 편이나?)

월미도 산길

인천공항 : 국제공항으로 손색이 없고 2005년부터 11년 연속 우수 공항으로 선정.

영종대교 : 인천공항이 건설에 2000년 11월 완공 총 길이 4,420m

예포대 : 인천항에 입항하는 선박을 환영하기 위한 예포 발사대

전망대 : 인천 앞바다, 팔미도, 인천항, 송도, 영종, 청라, 국제공항 등

조망대 뒤 산책로 : 향기로 이야기하는 나무

월미도항 : 인천공항 이전에 영종도행 주요 교통 수단

작약도 : 월미도 앞 바다에 있는 예쁜 섬

월미도공원은 50여 년간 군부대 주둔으로 시민의 출입이 제한되었으나 2001년 인천광역시가 국방부로부터 인수, 공원으로 용도변경 시민들에게 개방하고 있다.

월미도공원은 자연생태계가 잘 보전되어 있을 뿐만 아니라 근현대사 열강들의 각축장으로 그 역사성 또한 높아 자연 생태공원 및 역사공원으로 조성되어 있다. 월미도공원에서 놓치지 말아야 할 관광명소는 한국전통 정원지구이다.

이곳에는 전통 한국 고건축의 양진당, 소쇄원 및 전통 연못인 부용지, 애련지 등이 마련되어 있고, 정상에는 유리전망대가 개방되고 있으며, 공원은 학생들의 교육 장소로 각광을 받고 있다.

정상에서 서해의 광활한 정경을 즐기고 인천의 대표적 먹거리 타운 차이나타운으로 버스로 이동한다.

인천 차이나타운

인천 차이나타운은 1883년 인천항이 개항되고 1884년 이 지역이 청의 치외 법권지역으로 지정되면서 생겨났다. 과거에는 중국에서 수입된 물품들을 파는 상점들이 대부분이었으나 현재는 거의가 중국 음식점이다.

30. 삼고초려
三顧草廬

유비는 관우, 장비의 불만을 누르고 세 차례나 제갈량을 찾아간다. 제갈량을 휘하의 군사(軍師)로 맞아들인다. 이를 삼고초려라 한다. 주군이 좋은 신하를 맞이하기 위해 지극 정성을 다한 사례로 높이 평가되고 있다. 이후 유비는 제갈량의 도움을 받아 천하 쟁패에 나선다.

도원결의

156

짜장면 거리

　현재 이 거리를 지키고 있는 한국 내 거주 중국인들은 초기 정착민들의 2~3세대 들이어서 중국의 맛만을 고수하고 있다.

　인천역과 가까운 곳에 위치해 있어서 차로 이동하지 않아도 중국 풍경 속으로 훌쩍 들어갈 수 있다. 한국 짜장면의 시초를 만날 수 있는 짜장면 맛집들과 중국 간식 또한 맛볼 수도 있고, 벽화 거리에서는 삼국지에 등장하는 명장면들을 보며 이야기꽃을 피우기에 좋다. 잠시 중국을 느끼며 걷기 좋은 곳에서 짜장면을 맛보며 인천역 기행을 마친다.

동두천 소요산 공주봉 코스 서울역~소요산역

공주봉 코스 (5.5km/4시간 소요) 일주문-자재암-나한대-의상대-샘터 하산 길-공주봉

자재암 코스 (6.5km/4시간 30분 소요) 일주문-자재암-하백운대-중백운대-상백운
대-칼바위-나한대-소요산-의상대-공주봉-구 절터-일주문

대중교통 서울역~소요산역 50.7km 소요시간 83분, 교통카드 2,050원

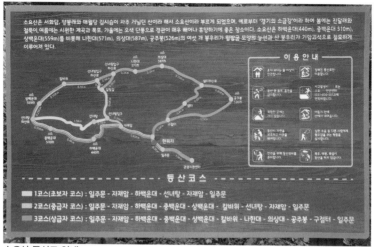

소요산 등산로 안내

소요산에 가면

소요산(逍遙山)은 경기도 동두천시와 포천시 신북면에 걸쳐 있는
산이다. 소요산의 아름다움에 반한 두 사람(서화담 양봉래와 매월당)이
자주 이 산을 찾아 소풍을 즐기며 담소를 나누었다고 유래하고 있다.
그 뒤 사람들이 그들의 소요하는 모습(유유자적 하듯)을 보고 소요산
이라 부르게 되었다고 한다. 소요산 주요 등산 코스는 체력과 취향에
맞는 코스로 선택하면 된다.

소요산역(逍遙山驛)은 개업 당시 비둘기호가 정차하였으나 2006년
12월 15일 수도권 전철 1호선 개통과 함께 종착역이 되면서 인근 지역

주민들의 수도권 교통수단으로 이용되고 있다. 2017년부터는 평화
열차가 정차한다. 이후 2020년 1월에는 연천역까지 수도권 전철 1호선
이 연장 개통되고 장기적으로 개성, 평양까지 가능함을 기대해본다.

2017년 기준 일 평균 이용객 수 승차 4,779명, 하차 4,003명이다.
소요산에 등산객들이 꽤 많아서 동두천역보다 약 1.5배나 승·하차
객이 많다. 개통 초기에는 동두천역의 이용률이 더 높았으나 2010년
부터 소요산역이 동두천역 수요를 앞질러 현재에 이르고 있다.

수요는 대부분의 등산객들이 노인들이라 노인 무임승차가 적용되
기 때문에 수송 수입 자체는 크지 않다. 주말에 보면 역무원들이 어
르신 분들을 안내하는 광경을 볼 수 있다. 그외의 이용으로는 역시
군인들이다. 소요산 부근은 조금만 이동해도 각종 군부대가 넘쳐나

는 곳이라 아침에는 휴가 나온 군인으로 오후에는 휴가 복귀하는 군인들이 매우 많다. 평일에는 경로 우대권의 승차권 덕분에 어르신들이 이용하는 진풍경을 볼 수 있다.

걸으며 즐기며

소요산역에서 등산로로 가는 길목에 특이한 호떡집이 하나 있다. 방송 출연 40회 바로 '사랑의 호떡집'이다. 특이한 것은 경로우대로 '3개에 천 원' 어느 어르신이 그냥 지나칠 수 있을까? 맞은 편에는 40년 전통 춘하추동 갈비탕 해장국집이다. 한 그릇 주문하면 반주로 막걸리 한 사발 덤으로 준다. 괜히 횡재했다는 기분이다.

소요산역에서 약 1km(도보 약 13분) 가면 매표소가 있고 입장료는

사랑의 호떡집

알(생명)탑

1천 원(경로우대 무료) 매표소에서 약 800m(도보 약 10분) 가면 일주문이다.

자유수호박물관

소요산 입구에 야외전시장과 실내전시장으로 나뉘어 있는 자유수호박물관은 6·25 한국전쟁의 참상과 나라를 지키기 위해 희생한 국군과 유엔군의 고귀한 정신을 기리기 위해 건립됐다.

자재암

원효대사가 요석공주와 인연 맺고 소요산에 들어와 초막서 용맹정진 수행하던 곳으로 설총을 길렀다고 한다. 그 이전까지 소요산 자재

자재암 나한전

원효샘

삼국 불교계의 거인인 원효(元曉) 스님은 차(茶)의 달인으로도 차인들 사이에 널리 알려진 고승이다. 스님은 전국 곳곳에 헤아릴 수 없을 만큼 많은 절터를 찾았는데 원효 스님이 자리를 잡은 절터엔 필연적으로 약수가 나오며 그 으뜸이 석간수(石間水)가 솟아 올랐다고 한다. 그 중 1천 3백여 년 전 자리했던 소요산 자재암의 원효샘 석간수는 찻물로 전국에서 손꼽히는 명수(名水)로 이름 나 있다. 신라 고려 때는 물론 조선 중기까지도 시인 묵객의 발길이 끊이지 않았다고 하는데, 특히 고려시대 시인인 백운 이규보는 이 물맛을 "젖처럼 맛있는 차가운 물"이라고 감탄하는 등 원효샘은 전국에서 유명한 차 문화 유적지가 되었다.

원효폭포

암(自在庵)은 원효대사와 나녀(裸女) 전설이 전해왔다. 자재암은 원효
대사가 645년(신라 선덕여왕 14년)쯤 창건한 절로 적혀 있으나, 요석공
주를 만난 시점 등을 고려할 때 657년경(신라 태종무열왕)으로 여겨진
다. 고려 광종25(974년) 각규가 태상왕의 명으로 중창함.

소요산에는 자재암 외에도 원효대, 원효굴, 원효샘, 원효폭포, 원
효바위, 공주봉 등 원효대사 흔적이 곳곳에 남아 있다.

원효와 나녀 전설

입구에 청량폭포 및 원효폭포가 있고, 하백운대, 중백운대, 방음봉·이필봉·약수봉이 있다. 자재암 위쪽으로 나한대·의상대 등을 거쳐 30m 돌층계 그곳을 오르면 원효대에 이른다. 상백운대, 자재암, 선녀탕계곡, 원효와 나녀(裸女)의 전설의 고향인 듯하다. 선녀폭포와 선녀탕 구간은 위험 지대로 원효가 자재암 수행 중에 죽을 고비를 겪었다는 곳이 선녀탕 계곡이 아닐까?

관음봉 : 관음봉은 원효대사가 수도하는 중 관음보살을 만났다는 설화가 전해지는 곳.

속리교 : 속세를 떠나 피안의 세계로 접어든다는 조그만 다리

세심교 : 원효대를 지나 치솟은 암벽 사이 숲길을 오르면 마음을 씻는다는 세심교(洗心橋)

원효폭포 : 크고 웅장하지는 않지만 폭포로서의 위용을 갖추고 있다.

요석공주 별궁지

소요산 매표소 입구에서 자재암 쪽으로 30m 지점에 있는 유적지로 신라시대 요석공주가 아들 설총과 함께 기거하던 곳으로 전해진다. 요석공주는 신라 제29대 태종무열왕의 차녀로, 원효대사와 요석궁에서 3일간의 짧은 사랑을 나눈 뒤 누 사람 사이에서 신라 십현(十

賢)의 하나인 설총이 태어났으나 원효대사는 아내와 아들을 팽개치고 학자로서 수행을 계속했고 설총은 아버지와는 달리 유학자의 길을 걸었던 것도 아이러니한 일이다.

비련의 여인 요석공주는 원효대사가 수행하던 소요산 근처에 별궁을 짓고 아들 설총과 함께 기거하며, 매일 원효가 있는 곳을 향해 절을 올렸다고 한다. 그러나 현재 요석공주 별궁지라고 쓰인 작은 표지석이 세워진 곳이 정확한 별궁지인지는 알 수 없다. 별궁지 외에도 소요산에는 요석공주와 관련된 곳들이 몇 군데 있는데 그중 소요산 봉우리 중 하나인 공주봉이 원효가 요석공주를 위해 지은 이름이라고 한다.

공주봉 오르기

소요산역에서 주차장과 상가를 지나 평탄한 길을 따라 가다보면 '소요산 자재암'의 현판을 단 일주문에 만나게 된다. 일단 합장을 하며 오늘 무사 기행을 빈다.

여기서 조금 오르면 기암절벽 사이로 떨어지는 원효폭포가 있고 그 폭포 아래 속리교라는 다리에서 두 갈래 길이 나타나는데 오른쪽으로 난 계곡길을 따라 오르면 남쪽 능선 위, 소요산의 정상 의상대(587m)와 공주봉으로 바로 오르게 된다.(오늘은 공주봉 위주의 사진전이다.)

속리교를 지나 왼쪽의 난간으로 난 길을 계속 오르면 절벽을 이룬

166

공주봉 능선

속리교

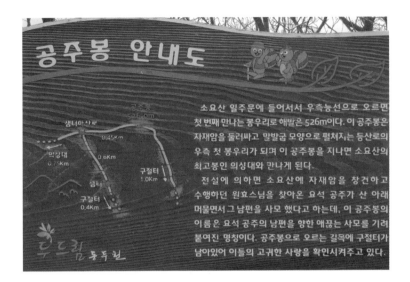

바위가 나온다.

원효대사가 수도한 곳이라는 전설이 서려 있어 원효대가 나오고 양쪽으로 치솟은 암벽 사이 숲길을 오르면 곧 세심교에 다다른다. 이곳에서 백운암 돌담 옆을 지나면 곧 자재암과 나한전이라고 불리는 조그마한 굴이 있는데 입구에 지하수(원효샘물)가 솟아 나온다. 그 옆에는 높이 20여 미터의 청량폭포가 있고 폭포를 지나 중백운대로 이어지는 능선과 계곡으로 계속되는 두 갈래 길이 나타난다.

중백운대로 오르는 길은 가파른 바길이다, 중백운대에서 상백운대 (535m)로 가는 길은 경사가 완만한 길이지만 능선 남쪽은 가파른 벼랑을 이루고 있다. 상백운대에서 선녀탕이 있는 계곡으로 바로 내려

야생 염소

갈 수도 있고 나한대를 거쳐 정상인 의상대까지 간 뒤 원효폭포 쪽으로 하산할 수도 있다. 또 의상대로 이어지는 능선 곳곳에 계곡쪽으로 하산 길이 있어 필요에 따라 길을 선택하면 된다.

원효대사가 머물다간 산은 다 그렇듯이 산 이름도 짓고 사찰에 숨은 사연도 있고 입산하여 수도를 했다고 전해지는 산은 모두가 명산이다. 소요산도 그중 하나이다.

소요산은 결코 쉬운 산이 아니다. 공주봉 코스는 그런대로 괜찮지만 사재암 코스는 나름의 각오를 하고 올라야 한다. 힘든 자재암 코

서울 남산, 관악산이 보인다

하산 길

스가 더 멋지고 아름다우니 갈등할 수 밖에 없다. 경치를 선택할 것인가, 쉬운 산행을 선택할 것인가는 등산로 입구에서 결정해야 할 것이다. 높이는 536m이고, 산세가 웅장하지는 않으나 대 암맥이 산능선에 병풍처럼 성벽을 이루고 '경기의 소금강'이라고 할 만큼 경승지이며 원효대사의 흔적을 느낄 수가 있다.

소요산을 여러 모습으로 표현해 놓은 아름다운 글

"높은 산 불끈 솟은 바위는 지혜로운 이가 들 곳이요. (원효대)
푸른 소나무 깊은 골은 수행자가 깃들 곳이니라. (자재암)
주리면 나무열매를 먹어서 주린 창자를 달랠 것이요. (소요산)
목이 타면 흐르는 물을 마셔 그 갈증을 식힐 것이니라. (원효폭포)
메아리가 울리는 바위굴을 염불하는 법당으로 삼고. (나한전-굴)"

소요산의 또 하나의 자랑은 사계절 운치와 경치를 소화해 주는 산이다. 봄에는 진달래 철쭉축제가 열리고 주민 자치위원회를 중심으로 소요산과 마주보는 마차산에 철쭉과 단풍나무를 식재하여 소요산 관내 주위를 꾸미고 있는 운동을 전개하고 있다.

여름에는 작은 폭포(원효폭포와 작은 청량폭포, 옥류폭포) 등 여럿 있어 폭포마다 계곡으로 흐르는 시원함온 폭염 더위에도 물술기는 흐

진달래길

옹달샘

소요산 단풍

르고 있어 피서객을 부르는 명소로 자리 잡고 있다.

　가을이면 국화 축제와 단풍축제가 열리고 있다, 전국의 단풍 7대 명산을 말할 때 순천 강천산, 장성 입암산(내장산 옆), 태백 태백산, 정선 노추산, 양평 도일봉, 양양 점봉산에 이어서 소요산을 말할 정도로 동두천 소요산은 수도권에서 단풍으로 유명한 산이며 갈수록 지자체의 힘을 빌어 서울 경기지역 뿐만 아니라 전국적인 관광 명소로 알려지고 있다.

춘천 공지천 의암호, 춘천호, 소양호 코스

대중교통 경춘선 상봉역–춘천역 81.3km, 소요시간 105분, 교통카드 2,050원

청춘열차 용산역–춘천역 98km, 소요시간 68분, 요금 8,300원(경로 30% 할인)

춘천시는 의암호, 춘천호, 소양호로 둘러싸여 호반의 도시라고 한다. 춘천 가는 교통은 강촌역, 김유정역을 경유 46번 국도와 경춘선 전철이다. 볼거리로 춘천호, 의암호, 소양호를 비롯 공지천 유원지가 있다.

춘천역

1939년 보통역으로 영업 개시, 1950년 전쟁으로 소실, 1958년 구 역사 완공.

춘천역(春川驛)은 강원도 춘천시 근화동에 있는 경춘선과 ITX 청춘열차 종착역이다. 2010년 복선 전철 개통과 함께 전철역으로 영업을 재개하였다. 수도권 전철 경춘선이 심야에 3편성이 주박하고 ITX-청춘열차가 심야에 2편성이 주박한다.

공지천

소양강 처녀상

2010년 12월 경춘선 복선 개통 성북 기점 87.3 km, 2012년2월 ITX 청춘열차 개통 2017년 1월부터 평일에 한하여 왕복 5회 급행열차가 운행되며, 수도권 전철 경춘선(상봉역- 춘천역)과 ITX-청춘열차(남춘천-용산 방면) 운영된다.

춘천역 2018년 기준 하루 이용객 수는 경춘선-승차 2,512명 / 하차 2,237명, ITX 청춘열차 : 승차 2,326 / 하차 2,370명이다.

참고로 남춘천역 1일 이용객 수(2018년 기준)는 경춘선-승차 3,102 / 하차 3,335, ITX 청춘열차 : 승차 2,954 / 하차 2,814명으로 남춘천역 주변이 상주 인구, 편의시설, 볼거리가 많다고 생각할 수 있다.

걸으며 즐기며

공지천 유원지 둘러보기

비 오는 날은 공지천을 꼭 가보자.

주위에는 조각공원, 분수대, 보트장, 고수부지, 야외공연장, 정조대왕 도하주교, 전적기념관, 어린이회관, 이디오피아 6·25 한국전쟁 참전기념비와 찻집이 있으며 호수에는 남녀노소가 여가를 즐길 수 있는 보트시설을 갖추고 있어 겨울을 제외한 3계절 동안 의암호변의 경관을 감상하며 물놀이를 즐길 수 있다.

의암호 상류로 올라가면 춘천을 대표하는 소양강 처녀상과 호수

공지천 둘레길

스카이 워크

위에서 강바닥을 내려다 볼 수 있는 스카이 워크가 있다.(입장료 2천
원) 조금 비싸지만 기념이다.

물시계 전시관 : 조선 세종 때 장영실이 만든 물시계인 자격루 문헌과
덕수궁에 남아 있는 자격루를 참고하여 옛날 그대로 재현하고 있다.

이디오피아 참전기념비 : 6·25 한국전쟁 때 카그뉴 대대가 화천, 철원
지구전투에서 112명이 전사하고 536명의 부상자를 낸 한국동란 참
전 기념비다.

전적기념관 : 1978. 11월 설치된 이 기념관에는 6·25 한국전쟁 당시의
유품과 사진, 무기류, 항공기, 탱크 등이 전시되어 있다.

소양댐 아래쪽

소양호

소양댐 둘러보기

소양댐은 충주호와 더불어 우리나라에서 가장 큰 인공호수인 소양호는 동양에서는 가장 크고, 세계에서는 4번째로 큰 사력댐으로 춘천, 홍천, 양구, 인제군에 접해 있어 내륙의 바다로 불리어진다.

댐의 건설로 춘천-양구간 44km의 도로가 수몰되고 27km의 뱃길이 생기고, 1973년 10월에 준공된 이 댐은 높이 123m, 길이 530m, 저수량 29억톤, 발전용량 20만kw/h로서 춘천, 경기, 서울 지역의 생활용수, 농업, 경공업, 홍수조절에 크게 기여하는 다목적댐이다.

댐의 건설 역사를 살펴보면 1967년4월에 착공되어 1973년 10월 15일 완공된 소양강댐은 경부고속도로와 서울지하철 1호선과 함께 박정희 전 대통령 시대의 3대 국책사업으로 꼽혔다.

본래 처음 도안은 콘크리트중력식으로 설계되었다. 도쿄대 출신으로 이뤄져 세계 유수의 댐을 건설해 온 일본공영의 설계였다. 그러나 고 정주영 회장은 비용을 3분의 1로 낮추면서도 훨씬 튼튼한 사력식 공법을 제안했다. 일본 회사로부터 무식쟁이라는 소리까지 들었지만 공사비 절감, 전쟁 위협 등을 염두에 둔 박정희 전 대통령은 정주영의 편을 들었다. 그리하여 1967년 2월 1차 공사는 현대건설로 결정되었다.

지금에 비하인드는 댐이 터지면 춘천시는 물론 서울시까지 잠긴다

소양댐 기념탑

고 전해지고 있다. 하지만 댐이 무너질 염려가 없음은 흙과 돌로 만들어진 사력(砂礫)댐으로 무너질 염려가 없다는 것이다. 그리고 호수에 유람선으로 청평사와 양구까지 한 바퀴 돌아보는 관광 코스는 폭염을 잊는 내륙 수운 아름다운 관광 코스를 자랑한다.

산 사이로 가두리 양식장과 월척의 꿈을 안은 낚시꾼들의 한가로운 모습이 눈에 들어온다. 향어, 잉어, 뱀장어, 빙어 등 50여 종의 민물고기가 잡히는 호수 주변은 계곡마다 낚시터로 낚시꾼이 한창 모일 때는 불야성을 이룬다. 수위가 늘어나면 인제 신남까지로 뱃길이 늘어나 호숫가로 펼쳐진 내설악의 절경도 맛볼 수 있고 지역 주민들이 여객선을 이용하고 있으며, 소양호의 사시사철 변해가는 주변의 아름다운 경관을 여객선 안에서 느낄 수 있다.

풍물시장과 춘천 닭갈비, 춘천 막국수

춘천 하면 대표 음식이 춘천 닭갈비와 춘천 막국수라고 할 수 있다. 춘천 시내에 닭갈비집이 600여 곳 운영되고 있다고 한다. 비하인드를 빌리자면 진짜 원조 개념의 닭갈비집은 50여 곳이라 한다. 남춘천역에 내리면 전·후방에 닭갈비와 막국수집 빌딩이 즐비하다.

역을 나와 우측으로 돌면 풍물시장을 만나는데 벽 기둥에 유난히

많은 닭 잡는 그림들이 많이 그려져 있다. 김유정의 닭 이야기와 무관하지 않다.

춘천 닭갈비가 유명한 것은 김유정의 동백꽃 시절부터가 아닌가 생각이 든다. 김유정의 소설 〈동백꽃〉 중에서 나온 닭 이야기.

"요담부터 또 그래 봐라, 내 자꾸 못살게 굴 테니.

그래, 그래 이젠 안 그럴 테야!

닭 죽은 건 염려 마라, 내 안 이를 테니.

그리고 뭣에 떠다 밀렸는지 나의 어깨를 짚은 채 그대로 퍽 쓰러진다.

그 바람에 나의 몸뚱이도 겹쳐서 쓰러지며,

한창 피어 퍼드러진 노란 동백꽃 속으로 폭 파묻혀 버렸다.

알싸한, 그리고 향긋한 그 냄새에 나는 땅이 꺼지는 듯이

온 정신이 고만 아찔하였다."

김유정의 〈동백꽃〉은 산수유와 헷갈리는 노란 생강나무의 강원도 꽃 이름이다.

동백꽃과 닭, 그리고 사랑 이야기.

Part **3**

걸으며 생각하며

한 해를 돌아보고 보내는 길 위에서 (2016년 12월 24일)

이 한 해가 지나면 새로운 한 해가 시작 되겠지요

그것은 끝이 아니라 새로운 시작이라고들 한다

년초에 세웠던 계획은 오간데 없고 감사 인사마저도 잊어버린

돌이켜 볼수록 약점만 너무 많았던 지난 1년이 부끄럽다

그래도 태양은 뜨고 달도 지고 하는 시간들은 변함없는데

나약해져만 가는 지친 마음들을 조금이라도 나눌 수 있다면

그나마도 조금은 위로의 한 해가 되지 않나 싶다

우리 모두는 서로에게 받는 것이 너무 많기에

조금씩 내가 얻을 수 있었던

사랑과 기쁨과 슬픔을 표현하고 공유하는 곳 카페에서나마

누구에게나 열려진 이 공간에 우리의 작은 향기도

때로는 필요로 하는 이에게 샘물과 같은 향기가 된다

우리 멀리 있어도 가슴으로 가까운 사람들도 있다

매년 하는 마무리 丙申년 마지막까지 무척이나 어수선한 즈음

건강도 하고 행복도 있고 희망도 있는

따뜻한 마음들이 깃들기를 기원하면서

다름에 대한 마음을 (2017년 1월 10일)

유전적, 환경적 조건이 같은

어머님 뱃속의 일란성 쌍둥이의 운명도 그렇다

북한산 능선을 휘돌아가는 구름,

북한강 두물머리 강가의 아침 안개 승무의 휘날리는 옷자락처럼

번져가는 단풍 그리고 향긋한 바람

목적도 없는 듯 철 따라 질서정연하게 날아오는 기러기 떼

남쪽 다도해의 사라질 듯한 섬

섬들도 그렇다.

마치 사진전에 전시된 사진을 보는 것 같은

글로도 말로도 표현하기 어려운 정경들

삼라만상이 살결을 스쳐갈 때,

그 순간 살아있음에 감사의 희열을 느낀다

오늘도 어제 그 시간의 환경이 다르고,

전철 안 모습이 어제와 다르고

떠오르는 아침 태양도 어제 다르고,

날아가는 저 기러기 모양도 다르다

다르기 때문에 아름답고 신비롭다

그래서 매일 폰에 그 모습을 담는다

그 다름이 없었으면 얼마나 밋밋한 일상이었을까 생각하며

다시 한 번 다름에 감사함을 느낀다

내일도 그 길을 걸어갈 것이다 (2017년 1월 26일)

오늘도 그 길을 걸으면서 땅만 보고 걷지는 않았는가?

앞을 보라 앞서간 자들의 발자국을 보라

길가에 한 송이 꽃을 눈길 한번 주지 않고 걷지는 않았는가?

옆을 보라 손잡고 가야 할 자가 있을 것이다

햇살에 흘러가는 구름의 아름다움에

눈길 한번 주지 않고 걷지는 않았는가?

흘러가는 구름 보고,

떨어지는 낙엽보고 시 한 줄 생각나면 금상첨화.

일상에서 아주 조그마한 것에 만족할 수 있는 그런 행복,

그러나 어디 그 쉽게 그리됩니까

그게 사람이고 삶인 것을

뒤를 보라 부축해야 할 자가 있을 것이다

새로 산 휴대폰 사용이 어렵다고 들고 다니지만 말고

비싼 돈 주고 샀음을 생각하며

그저 아무렇게나 이것저것 작동을 시키자

육십 후반이 되니 몸 구석구석 아프기 시작하고

가까웠던 지인들은 하나둘 귀천길로 떠나가고

파라만장했던 지난 세월들이

그리움인지 아쉬움인지 새록새록 일렁이고

꿈과 소망은 점점 나약해져 멀어져 가고 있다

정유년 새해에는

어떤 아름다움으로 추억할 것인가를 생각하며 길을 나선다

우리들의 새해를 맞이하며

힘들면 쉬면서 뚜벅이처럼 걸어보기로 다짐한다

넘어진 김에 쉬어간다(중환자실에서) (2017년 3월 9일)

저승과 이승의 가장 장시간 체류 중인 곳 중환자실
미리 비울 필요는 없다. 미리 굽힐 필요도 없다.
자연스레 비우고 자연스레 굽혀지는 곳

현상 1. 중풍이라던 할머니가 꽃상여를 타는 날이다.
이름도 나이도 병명도 묻지 않기로 했으나 자연스레 알게 된 꽃상여 할
머니. 조금 전까지 요령처럼 링거 주사가 대롱거리더니 바지 하나 적삼
하나로 꽃상여를 탄다. 상여를 타고 있는지는 아는지,
저승길 가는 걸 알고는 있는지 가족의 눈에 눈물도 안 보인다.

현상 2. 그 혼돈 속에서 맨 정신에 누워 있으려니 갑자기 지금까지의 내
삶이 주마등 되어 온다. 지금껏 제대로 살아오기나 했는지. 타산지석에
비교하려 하니 비교가 되질 않는다.
20년 교육 성장, 16년 군생활, 28년 사회생활, 교통사고 큰 것 한 번,
33년 급여 수급자 이제 마지막 실업급여만 수령하면 나의 생 활동마감
어이 하나!

요즘 세상 인생 총량이 바뀌었는데, 지금 정지하면 안되는데 그 총량을

채우기 위하여 발버둥쳐야 한다. 이곳을 탈출해야 한다.

넘어진 김에 쉬어가는 곳이 아니다. 넘어지지 말고 쉴 곳을 찾아라.

현상 3. 또 하나의 수술 환자가 들어온다.

링거 달린 요령 소리가 들려온다. 또 하나의 꽃상여 대기 중이다.

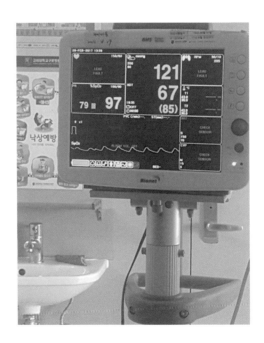

오늘이 왔다 반가움이다 (2017년 5월 5일)

오늘은 앞으로 남은 생에 일할 수 있는 처음이고 마지막 날이다.

오늘은 지나가면 오지 않고 내일에도 없다. 오로지 오늘이다.

그럼으로 오늘은 영원히 오늘뿐이다.

기북면 쉼터 마련을 위한 노동을 한다.

꿩은 울어대고 대 낮인데 닭도 울어댄다.

산들바람은 불어오고 구름도 흘러가고

농사는 되든 말든 한잠 자자, 모처럼 산중에 잠을 청한다.

새벽 2시 쯤 날짐승 울음소리와 개 짖는 소리

새벽 3시 닭 울음소리 개구리울음

4시 30분 동틀 때 다시 닭 울음소리

또 다른 오늘이 왔다 반가움이다.

깊은 산속 쉼터에서

고추잠자리 (2017년 9월 22일)

전선줄에 고추잠자리가 앉아 있다

왕거미가 같은 줄에 앉아 있다

잠자리는 먹이사슬인지 모른다

왕거미도 고추잠자리는 관심 없다

괜스레 제3의 그는 걱정하고 있다

맑은 하늘 배경 두 곤충 여유롭다

구름은 흘러가는 게 아니라

사라질 뿐이라고 하며 간다

9월 하늘이 맑아서 좋다

지심이 농심이더라 (2017년 9월 26일)

농심이는

땅에 심은 싹이 나면 웃고

꽃피고 열매 맺고 수확하며 웃고

가뭄에는 울고

장마에도 태풍에도 운다

지심이도 그때마다 웃고 운다

以心傳心이더라

또 추석이다 보름달이다 (2017년 10월 3일)

또 추석이다 고속도로 정체다

벌초다 성묘다 온 가족 잔치다

달려라 고향열차 코스모스

그리운 고향 친지 친구들 잘 있지!

3천만 대 이동에 포함되지 않은

나의 추석은 보름달 없는가?

산 사과가 익어간다 (2017년 10월 29일)

산 사과가 익었다

산 사과酒가 익는다

매실이 익었다

梅實酒도 익는다

고추도 익었다

고추장도 익는다

적당히 익고 숙성되면 아름다운 벗

술잔으로 별 밤을 지새우련다

길 떠남은 (2017년 11월 10일)

길을 떠난다는 것은
길 끝이 있다는 것이고
그 끝에는 뭔가 있음을 의미함이 아닌가
그것이 환희, 고통일지라도
그 무엇이 길 위에는 있다
길을 가다 묻는다
내가 이 길을 가도 되느냐고
이 길이 맞느냐고
이미 와버린 그 길 속에
그런 길이 있었는데 지나침에

여한을 안고 물어본다
이 길밖에 없었는가

길의 선택 (2017년 11월 19일)

지금껏 걸어온 길이 최선이었다
자부하면서도 가지 않은 길을 선택함에 있어
갈등과 고민이 늘 있다
그렇지만 어떤 길이든
여지없이 선택하고 가야 한다
이것이 길의 숙명이란 걸 알았다

콩 심은데 꼭 콩이 난다 (2017년 11월 20일)

거의 1년을 농작물 재배에서

고추, 상추, 오이, 토마토, 옥수수, 호박, 수박, 시금치, 대파, 부추,

쪽파, 양파, 마늘, 이렇게 여러 종을 심고 수확을 하다 보니 알았다.

콩 심은데 꼭 콩이 난다.

거짓을 모르는 그 자연의 순리가 좋아지기 시작했다.

팥 심은 데 팥 나야 할 텐데. 콩 나면 안되는데 농사 망치는데.

콩을 심으면 콩을 거두고 오이를 심으면 오이를 거둔다.

옛 사람은 종두득도(種豆得豆) 종과득과(種瓜得瓜)라고 했다.

그러나 혹시나 콩 심은 데 팥 나오면 안 된다.

호랑가시나무 홀리 축제 (2017년 11월 25일)

부안군 변산해수욕장 부근 호랑가시농장에서
이색 축제가 열려 찾아보았다
첫 번째이기에 어색함이 더욱 아름다워 보였다
새로운 시도가 부안군을 더욱 부자로 만들 것같다

오늘도 그 길을 (2017년 11월 21일)

어제 그 길을

어제 걷던 길인데

가도 되느냐 묻는다

그 길은 답이 없다

길을 갈까 말까

바보는 오늘도 어쩔 수 없이

그냥 그 길을 간다

내일도 그 길을 갈 것이다

볼품없는 산일지라도 (2017년 12월 7일)

볼품없는 저 산이 오늘도

구름 흘러감을 측정해주고

떠오른 태양을 가늠해주고

불어오는 바람막이 해 준다

그때마다 볼품이 있어진다

오늘도 산은 그대로인데

내 생각만 움추려든다

점점 멀어져간 것들 (2017년 12월 8일)

멀어져 가는 것은 세월만이 아니다
매년 온 철새들도 점점 줄어들고
함께했던 시간들이 점점 줄어지고
함께 할 시간들도 점점 뜸해지고
젊음의 覇氣도 점점 나약해지고

설악산, 지리산에서
북한산, 관악산으로 변하고
나중에는 한강 안양천 둘레길로
주변이 변화되어 가고 있다

만남의 기쁜 설레임 보다
헤어짐을 먼저 생각함은 相憐인가
아름답게 힘차게 청춘을 맹세한 충성도
어느 날인가 점점 멀어져 가고 있다

단풍잎의 아름다움보다
멍든 단풍잎이 눈에 먼저 들어오고
노환만이 아니라 마음의 나이 들어감이 아닌가 한다
세월이 갈수록 다른 길로 갈 때가 종종 더 생긴다
고향 같았던 아름다운 우리는 이렇게 멀어져 가는가

흘러가는 구름이어라 (2017년 12월 20일)

흐르는 세월 속으로 내 젊음 가고

친구들도 소식이 영 없다

숨 막히도록 바쁘게 살아왔는데

어느새 경로석 노인 됐다

그렇게 요리저리 여기까지

잘 견뎌 왔는데 모든 것이 부족하다

남은 세월에 애착을 느낀다

어쩌란 말이냐 이게 삶인 걸

단풍잎은 안보이고 멍든

나뭇잎만 나를 대변해준다

흘러가는 구름이어라

행복은 지금 어디에 (2018년 1월 6일)

행복은 결코 '그때'에 있지 않았다

그리고 '언젠가'에도 없을 것이다

지금 내가 앉아 있는 이 자리

지금 나와 같이 있는 사람들

지금 내가 갖고 있는 '이것들'에만 있는 것이다

그러나

나는 오늘도 그 어떤 행복을 찾아 길을 나선다

친구야 잊지마 (2018년 1월 22일)

친구야 잊지 마라 너와 나 늘 친구라는 걸
또 잊지 마라
너와 나는 친구인가?를
의심하지 않기로 하자는 걸!
친구니까

오늘은 목로주점을 찾아간다
멋들어진 친구 내 오랜 친구야
언제라도 그곳에서 껄껄껄 웃던
멋들어진 친구 내 오랜 친구야

언제라도 그곳으로 찾아오라던

이왕이면 더 큰 잔에 술을 따르고

이왕이면 마주앉아 마시자 그랬지

그래 그렇게 마주앉아서 그래 그렇게 부딪혀 보자

이런 감정이 내일 사라진다 해도

기억해야 돼 그동안 당신이 있어 행복했다고

마음이 흔들릴 때 (2018년 1월 25일)

가끔 마음이 흔들릴 때 한 그루 나무를 보라

바람 부는 날에는 바람 부는 쪽으로 흔들리나니

꽃피는 날이 있다면 어찌 꽃지는 날이 있으리니

흔들리지 않는 뿌리의 나무가지는

달빛을 건지더라

차가운 겨울 일기장에

포근한 눈 내려주고 가기도 하더라

다른 사람의 행복이 나의 행복이 될 수 없다

당신을 응원합니다 (2018년 1월 27일)

서두르지 마세요
올해 할 일을 다 하지 못했다고
급하게 하다
더 늦어질까 걱정입니다

계획했던 일 이루지 못했다고
너무 실망하지 마세요
또 다른
걱정 슬픔 올까 걱정입니다

늘 최선을 다한 당신의
그 모습만으로도 충분히 아름답습니다

충분히 잘 살아온 당신을 응원합니다

세월이 간다고 (2018년 2월 5일)

세종대왕 가시고 이순신 장군도 가시고

일제 36년도 갔다, 그리고 3, 4, 5공도 갔고

1987년도 갔다 올림픽 월드컵도 갔고

해운대 모래사장도 왔다갔다

또 세월호도 갔고

또 무엇도 갔다

그리고 평창올림픽 오고

정은이와 트럼프 到來
이게 게임 또는 오락이라고

갈 사람 가고 올 사람 오고
누구는 오시고 오고
누구는 가시고 가고 그랬지
그러는 와중에 나는
아직도 가고 있는데

봄이 온다하기에 (2018년 2월 26일)

봄이 오면
두물머리 남한강 북한강
물안개 그대로 왔으면 좋겠다

횡성 뇌운계곡 구름안개도
노심초사 그 안개 그 구름을
유난히 긴~ 겨울 터널에서
기다리고 있었구나

벌써 순천만에는 매화 소식이다
남한강 북한강 뇌운계곡 섬진강
그들을 그대로 인데 괜한 걱정
그런데 뭔가 캥기는 게 있다
어제와 또 다른 변화가 또 오고 있다는
확신 때문에 걱정이다
그 그리움 그대로 올까나 하고

어느 노병의 자녀 결혼식 (2018년 3월 10일)

老兵은 老兵이드라

봄마중 겸 춘천 나들이 다녀왔다

老兵의 따님 결혼식장을 겸했다

임관 후 부득한 사정으로 전역한 老兵

그 누구에게도 연락할 수 없는

그런 삶을 살아온 그 老兵

그런 삶을 論하는 게 아니라

어쩌면 모든 우리네 삶의 일면을 연출한 것이 아닌가 싶어

한참을 하늘을 우러러 봤다

어쩌면 우리도 그 쓸쓸한 老兵화 돼가고 있는 과정이 아닌가 하고

예식이 끝나고 소주 한잔하고 아무 일 없다는 듯

예매한 차 시간 맞춰 발길을 돌리는 뒷모습에 눈시울을 여민다

왜 일까?를 남기고

나도 상행선

전철에 몸을 기대고 春川 봄마중을 재운다.

외로움도 삶이다 (2018년 3월 30일)

외로우니까 삶이다

살아간다는 것은 외로움을 견디는 일이다

공연히 오지 않는 전화를 기다리지 마라

눈이 오면 눈길을 걸어가고

비가 오면 빗길을 걸어가라

갈대숲에서 도요새도

너를 보고 있다 가끔은 하느님도

외로워서 눈물 흘리신다

새들이 나뭇가지에 앉아 있는 것도

외로움 때문이고

물가에 앉아 있는 것도 외로움 때문이다

산 그림자도 외로워서 하루에

한 번씩 마을로 내려온다

흐름의 미학 (2018년 4월 5일)

구름 강물 바람이 흘러가고

생각도 마음도 세월도 흘러간다

흘러간 그 모습들 그리움으로 남고

그 머물렀던 자리는 아름다움이 남는다

고통과 기쁜 순간도 흘러가버리니

참 다행스럽고 홀 가분하다

흘러가지 않고 멈춰 있다면

소화불량처럼 얼마나 답답할까

걱정스런 마음을 덜어주니 감사하고

마음 홀가분하다

세월이 흐르면서 기쁨과 고통을 새롭게 채워주니

참 고마운 일이다

어차피 지난일은 잊고 지우고 새것을 채우고

만들어가는 게 우리네 인생이라 하면 너무 단순한 결론인가요

해넘이 노을이 아름다움만 주는 게 아니고 외로움도 준다

오늘도 아름다움이 많은

하루를 만들며 살아 갑시다

꽃이 피었다 꽃이 진다 (2018년 4월 6일)

길가에도 산에도 꽃

하늘에도 들판에도 꽃

사방 천지가 꽃 세상이다

개나리 진달래 목련 매화 산수유 그리고 벚꽃

피는 꽃이 여러 모습으로 곱다

지는 꽃이 여러 모습으로 다르다

꽃의 일생을 보고 상념에 든다

우리 인생을 잠시 기대어본다

꽃들의 사랑은 이리 빨리 끝나지만

곧 열매를 맺고 생을 마감 한다

그런 꽃들의 일생이 부럽다

그러나 어이하나 사월의 꽃들이

미련 없이 지고 있는데

그래도 좋다 오월의 꽃이 오고 있으니

화무십일홍이라 (2018년 4월 16일)

人無十日好(인무십일호) 花無十日紅(화무십일홍)인데

月滿卽虧(월만즉휴) 權不十年(권불십년)이라

사람의 좋은 일 10일을 넘지 못하고

붉은 꽃 아름다움도 10일을 못 넘네

달도 차면 기우니 권력이 좋다한들 10년을 넘지 못하느니라

모든 인생사 좋은 일이 끝까지 영원한 것은 없으니

항상 분수에 맞고 권력 있다고 뽐내지 말고

겸손하라는 그런 말이렸다

요즘은 화무 하루다

벚꽃 피는가 했더니 아침에 보니 지고 있다

벚꽃길 윤중로를 걸으며 갑자기 화무 생각이 난다

저기 의사당 근무하는 님들

윤중로를 걸어 봤을까 십일홍을 생각해 봤을까

우리 政史의 흐름을 뒤돌아보며

벚꽃 지는 길을 걸으며 생각하며 중얼거려 본다

맑은 공기 산골 일상 (2018년 4월 25일)

잠시 양평 물소리길을 버리고

포항 기북면 심심산골

능금꽃, 배꽃, 감꽃, 대추꽃 보며

고추 오이 토마토 고구마 감자랑 심으며

가끔 장끼 울고 밤 되면 고라니가 울고 두견이도

우는 심산계곡으로 잠시 내려와 있다

작년에 심은 육쪽마늘, 양파가 무사히 살아 있다

낮에는 일을 할 수가 없다

봄은 어디로고 벌써 여름이다

朝夕으로 2시간 노동이면

하루 일과는 마무리 나머지는

숲 바라보며 맑은 공기 마시기

오늘은 일어나니 해가 중천

어제 무리했나보다

모처럼 시골 면소재지 기행 (2018년 4월 30일)

모처럼 기계면 면소재지를 한 바퀴 돌아보았다

다방이 유난히 많다

뭉클한 詩비도 보았다 기계면이다

다방 23개

청자, 정, 은호, 미소, 과명, 호걸, 말순이, 낙원, 봉, 소라, 꽃, 향,

은, 대우, 명, 해경, pc, 능금, 옥, 은행, 정우, 귀빈, 돼지

다방이 많은 이유를 연구 중이다

눈물이 나올 때까지 (2018년 5월 25일)

눈물이 안 나도록 외로운 적 있는가
슬퍼서 너무 슬퍼서 눈물이 메마른 적 있는가
나는 없었다
그래서 나는 덜 살았다
눈물도 없이 살아 왔구나
그래서 난 할 일이 많다
눈물이 나올 때까지
남한강과 흑천이 만나는 곳에서

農心은 勤心 걱정이더라 (2018년 6월 8일)

땅 보고 근심 하늘 보고 걱정

비가 와도 걱정 비가 안 와도 걱정

눈이 와도 눈이 안 와도 걱정

바람이 불어도 걱정 안 불어도 걱정

그래 農心은

평생 勤心 걱정이더라

가도 가도 알 수 없는 길 (2018년 8월 14일)

십리에 인기척 없고 산은 비었는데 봄새가 운다

중 만나 앞길을 물었건만 중 가고나니 길은 도로 헷갈려

선조 때의 문신인 강백년(姜栢年)의 〈산길〉이라는 시이다

'길'이란 참 묘하다 아니 여러 가지다

그러기에 길을 자주 잃어버리기도 한다

산길 같은 우리 인생길에서 더욱 그러하다

반듯한 길, 가시밭길, 험한 길,

아무도 가지 않는 길

오늘도 누구도 알아주지 않는 대신해주지 않는

삶의 무게에 짓눌려

허우적거리며 길 위에 있다

조금씩 잊혀져간다 (2018년 10월 27일)

생각이 많으면 잡념

삶은 순간의 만남이고 흔적으로 남고 기억 된다

정해진 행복 없다 만남에 이유가 없어야 좋다

이유가 끝나면 행복도 이별이니까

길가의 풀꽃처럼 살면 된다

잘못 든 길이 더 좋은 길이 될 때가 있더라

시간은 기다려주지 않았다 모든 것은 때가 있었더라

할 일 없고 오라는 곳 없어지니 잘못 산 인생이었구나

세월이 더 가기 전에 만나고 싶은 사람, 보고 싶은 사람

자꾸 늘어 가는데

마음대로 만나지 못하니 안타깝다

시간이 흐를수록 많은 잡념이 늘어간다

잊혀져가는 것도 늘어간다

늙어가는 징표다

갈수록 멀어져간 것들은 세월만이 아니다

주위가 모두 멀어져 간다

친구도 산도, 들도, 길도 점점 멀어져 가고 있다

걱정 (2018년 11월 13일)

여름 온다 하기에

봄바람 갈까 걱정했다

가을이 온다 하기에

시원한 해수욕장 갈까 걱정했다

겨울 온다 하기에

단풍 낙엽 다 보지 못하고 보내면

어쩌나 걱정했다

아직 아무것도 오지 않았는데

아직 산 강 하늘 멀쩡한데

가을 가기 전에 단풍 낙엽 걱정이다

내가 걷는 이유 (2018년 11월 14일)

내가 걷는 이유

산길 가다 보면 산이 있고

강길 가다 보면 강이 있고

들길 가다 보면 들풀이 있고

갔던 길을 또 가도

갈 때마다 다른 느낌을 준다

그 길을 하염없이 가려고 한다

그 종착역에

나와 자연이 합치될 때까지

그 길을

늘 다른 길 (2018년 12월 5일)

매번 가는 길이다

그러나 매번 다르다

갈 때 다르고 올 때 다르고

봄, 여름, 가을, 겨울 다르고

꽃길, 낙엽 길, 눈길도 다르고

아침, 점심, 저녁마다 다르다

갔던 길을 또 가고 있다

인생 (2018년 12월 9일)

지금 내 나이에서는

즐거움을 찾아내는 것이다

내가 쓸 수 있는 시간은

이 순간에도 흘러가고 있다

아직도 내가 즐기고 멋지게

할 수 있는 일이 분명 있을 것이다

그렇다고 무리하지마라

할 수 있는 만큼만 해라

거기에 많은 수가 있는 것 같으나

딱,

두 가지 수밖에 없다

이런 수 하나

저런 수 하나 그 뿐이다

급변하는 세상에 (2018년 12월 8일)

손가락 하나로

뚝딱

다 되는 세상

4차산업혁명의 시대로 가고 있는

세상의 한편엔 두려움이 온다

빠르고 편리함 속에서 마냥 행복

해 보이지만은 않기에 걱정이다

빠른 변화에 대처하고 받아들이고

사는 것이 당연함에 적응하지 못하면

어쩌나 하는 두려움의 모습들

정답 없이 급변하는 세상에

나만의 행복의 해답을 들고

찾아감이 우리의 삶이 아닌가

너무나 급변하는 세상에

인연의 고마움 (2018년 12월 12일)

인연(因緣)은 불교의 중론을 빌리지 않더라도

사람과 사람과의 관계뿐 아니라 우주의 '森羅萬象'이 아닌가 한다

바람 눈 비구름 태양 나무 공기 풀 꽃 바위 모래 열매 사랑 돈

권력 등등 모두가 나와 연(緣)으로 맺음일 것이다

씨앗은 흙을, 물고기는 물을, 사람은 사람다운 사람을

맹수는 깊은 산이, 눈, 비는 구름이 있어야 꿈을 이룬다

받고 주고 믿으면서 상생하고 고마워하며 因緣되지요

우리는 이 모든 萬象의 緣으로 그들을 믿고 소통하고

희로애락 속에 감사하고 고마워하며 배우며 살아가고 있다

그래서 그 하나하나가 소중한 나와의 因緣이고 인연을 다듬고

보살피고 가꾸는 게 삶이고 인생이 아닌가 생각한다

보내고 맞으며 (2018년 12월 18일)

한 해 동안의 즐겁고 행복했던

그대와의 소중한 추억의 순간들

2018년 한 해의 그 순간들이 기억 속에서

저물고 있습니다

한 해 동안 함께 동행해 주신 은혜와 인연에

깊은 감사드린다

2019년 황금돼지가 온다고 하네요

새해에도 우리들의 아름다운 만남은 이어지도록 노력해야겠지요

어렵고 힘들어도 우리가 걸어왔던 길은 더 힘들었을지도 몰라요

따뜻한 마음 안고 새해를 맞이한다

새해에도

모두가 희망이 가득한 행복한 날들이 되었으면 좋겠다

세월과 인생의 길의 조화 (2019년 1월 4일)

세월은 인생을 기다려 주지 않았다

어느덧 인생에 가치관도 달라져버렸다

충성을 다했던 가치관도 그냥 바람이어었다

지금 남아 있는 것은 일기장 모퉁이에 업무일지

그 업무일지가 바람이었고 세월이었다

이 일기장마저 없었으면 얼마나 삭막(索莫)했을까

이 일기장을 놓고

행복한 삶을 산 것 같아 보이는 사람들과 비유해 본다

무소유의 삶

흔적 없이 살다감 삶은 소유물이 아니다

참 좋은 말들이다 그 이면에는 최선을 다해 살아 왔을 때

할 수 있는 말이라는 걸 새삼 알게 되었고

세월은 바람처럼 그냥 지나가는데

인생이 그 뒷받침이 되지 않았다는 걸

우리는 미완의 인생이다 (2019년 2월 3일)

인생이란 쓰다만 메모지처럼
쓰다만 일기처럼 소설처럼 詩처럼
언제나 미완성 불완전이다
그렇게 쌓여 가는 게 인생이 아닌가 한다
그 미완의 소유물을 한참 후에 뒤돌아보면
다빈치의 그림처럼 슈베르트의 교향곡처럼
미완인 채로 매력이 있고 아름다움으로 승화
될 수도 있는 게 우리 인생이 아닌가 한다
우리는 완전을 기대하지만
우리는 불완전의 존재다
그런 불완전함의 포장지는
거짓과 위선의 가면과 옷 일 것이다
미완인 채로 있는 그대로 보여주는
메모지, 일기, 소설, 詩를 읽기를 바라며
완성을 찾아가는 애쓰는 모습이면 좋겠다
그렇고 보니 어느 드라마 〈未生〉이 생각난다.

눈에서 멀어지면 (2019년 2월 15일)

'눈에서 멀면 마음에서도 멀다

멀리 있는 산에는 주름이 없고

멀리 있는 물에는 물결이 없고

멀리 있는 사람에게는 눈이 없다

없어서가 아니라 없는 듯 보일뿐이다'

중국 송나라 때 산수화의 대가 곽희의 〈임천고치〉에 실린 글이다

아마 산수화 감상 강령인 듯 한데 우리에게서 점점 멀어져가는

것 들을 산수화 감상 강령으로 담아본다

멀어져 가는 것들이 시골집, 싸리나무 대문, 옹달샘뿐만이 아니라

여기저기서 알았던 사람도, 천년을 함께할 것 같은 친구도

내 마음 속에 머물러 있어야 할 젊음도 보내지 않았는데

멀어져 가고 어딘가에 있기는 하지만 있는 듯 없는 듯

아련 하기만한 그리움들이 애써 노력하지 않아도

붙잡지 않아도 붙잡아도 멀어져 간다

눈에서 멀면 마음에서도 멀다 라는 말도 가슴에 와닿는다

오늘도 말없이 흘러가고 있는 남한강 어느 어귀에서

그것들을 헤아려 본다

공자의 눈물 (2019년 2월 20일)

공자께선 흐르는 강물을 보고 하염없이 울었다고 합니다.

지금 보고 있는 강물을 두 번 다시 볼 수 없기 때문에?

붙잡을 수도, 돌이킬 수도, 되돌릴 수도 없이 흐르는

세월 때문에?

낚싯대에 고기가 입질을 하지 않아서?

공자는 물을 보며 도를 생각했다

물은 민심을 반영하기도 한다

물은 생명을 살리기도 하고 빼앗기도 하지만

물 자체는 잘못이 없다

물은 흘러야 한다.

민심도 역시 마찬가지다

자주 강가에서 세월을 낚시하면서

도(道)가 강물처럼 흘러 세상에 전파되기를 바람에서

강가에서 소중한 시간을 보냈을 거라 추측 해 본다

흐르는 강물을 보면서 내가 잘 가고 있는지 되돌아보기도 합니다.

요즈음 강물을 많이 대하며 강에 대한 생각들이 많아진 편이다

봄 자네 왔는가? (2019년 3월 1일)

추웠던 겨울이 지나가고 따뜻한 봄 햇살이

나의 얼어붙은 맘을 녹이고 있다

강변 버드나무 가지에도

걷고 있는 길가 풀 한 포기에도

안방 TV 뉴스에게도

아파트 양지바른 제비꽃에게도

산 강 하늘 땅 모두에게

지난겨울 유난히 추웠다고

투덜거릴 틈도 없이

기다림에 상관없이

슬그머니 봄에게 자리를 내준다

덩달아 강가 아지랭이도 춤을 춘다

내 배낭도 봄바람 맞이 길을 나선다

살다보니 알 것 같다 (2019년 3월 5일)

살다보니 알 것 같다

산길 들길을 걸어야 하고 인생길도 걸어야 한다

소낙비가 지나가면 무지개가 뜨고

폭염의 계절은 가을바람에 양보하고

폭설의 계절은 봄바람에게 밀려나고

석양의 노을은 영롱한 별들에게 양보하고

강물도 바람도 구름도 그리고 힘겨운 삶도

이 모든 것들이 흘러가고 지나가더라

살다보니 알 것 같다

순간순간이 쌓이고 흘러가는 과정이고

지금 이 시간이 바로 우리 인생이라는 걸

꼬부랑 부부 꼬부랑길을 가다 (2019년 3월 7일)

용문 가면 꼬부랑길이 있다
오늘은 두 꼬부랑이 그 길을
걷기로 하고 용문역으로 갔다
역시 산길은 꼬부랑이다
계곡엔 아직 잔설이 남았는데
진달래 동백나무 산수유는
아랑곳 않고 움튀운다
역시 산바람은 미세와 관계없이
시원하다 산바람 좋아하는 옆에
꼬부랑 기분 맞추니 좋아한다
꼬부랑길은 역시 꼬부랑한테
적당한 길이다
산수유 만발할 때 또 올게 한다

권력이 부엌에서 나온다고 (2019년 3월 22일)

부엌은 사람을 살리는 곳이고

부엌은 밥하는 자리의 공간이며

부엌은 구수한 된장찌개 향기를 주고

비린내 나는 생선 냄새 주는 공간이다

언제 부터인가

부엌에

마누라 칼자루에서

권력이 나온다고 한다

운현궁 노락당에서 이로당에서 나온

흥선대원군의 권불십년 권력이 아니고

건축학적 부엌에서 나온 인테리어 권력도 아니고

여자 권력의 원천이 되는 부엌의 권력도 아니다

여자 같은 부엌 말고 어머니 같은 부엌이 좋겠다

권력은 받아주는 대상이 있어야 하는데

대상인 남성이 그곳을 떠나면 그때도 권력이 유효할까

온난화 시대로 변하듯 권력도 협력으로 바뀌었으면 좋겠다

청계산이 총체적 몸살을 앓고 있다 (2019년 3월 26일)

청계산의 독야청청 나무가 점차 죽어가고 있다
나이가 많아서도 아니고 인위적 벌목도 아니다
산은 숲이 그리고 쌓이는 낙엽이 생명이다
낙엽이 많이 쌓인 산일수록 숲이 생명력이 있다
그런데 언제부턴가 산등성이에 올라서자 골짜기
여기저기 보이는 가마니 같은 하얀 무더기들
그것은 시들음 병으로 앓다 죽은 참나무의 무덤이었다
그 곁에서 밑둥치가 잘려나간 아름드리 그루터기가
비명을 지르는 듯 눈물을 흘리고 있다

가슴을 짓누르는 참담함의 원인이 무엇인지 알 수 있었다
몇 해 전부터 참나무 시들음병이 번지기 시작했다
이제는 산 전체가 참나무가 시들음병으로 신음하고 있다
이러다 낙엽이 쌓인 산길을 못 걷게 될까 염려스럽다
지금 청계산이 심하게 몸살을 앓고 있다
청계산은 나무뿐만 아니라 골짜기 등선마다 통증을 앓고 있다
지주들의 영역표시와 함께 갈고 닦고 세우고 야단법석이다
아름다운 말로 전원주택 요람이라 명하여 법석을 떨고 있다

포크레인, 덤프트럭이 땅을 뒤집고 굉음을 내며 법석이다

총체적으로 청계산이 통증 협착증을 앓고 있다

찜질방으로 신신파스로도 안된다 자연치유도 아니다

총체적으로 마음과 마음의 치유가 필요하지 않나 생각한다

나무숲과 꽃과 나비와 새들이 범람하여 몰살이어야 될 산이

하산 길 등산길 나무들과 골짜기 능선 통증 앓이가 안쓰럽다

그 길을 가야했다 (2019년 4월 11일)

이게 아닌데 하는 갈등과 후회와

맑았다 흐렸다 하는 인생의 단면들

행, 불행의 척도조차 가늠하지 못한 채

방향과 속도의 조절 없이

멀리 와버린 시간들

머지않아 해탈의 반열에 오를 것이다

가지 말라고 하는데 가고 싶은 길이 있었고

하지 말라고 하는데 하고 싶은 일이 있었다

그것이 인생이고 그리움이고 길이였다

길을 잘못 들었을 때

가끔 아름다운 곳이 나올 때가 있다

생각만 해도 아름다운 곳도 있다

어제 남겨 놓은 길이 그 길이다

그 길이 시간을 낭비하는 즐거움 이다

오늘 그 길을 가야 하는 이유가 거기 있다

벼슬재 구름이 여유롭다 (2019년 5월 10일)

낙동 정맥 벼슬재 중턱에서 무념무상의 아침 한 시간

무엇을 할까 무엇을 해야 하는 … 질문도 답변도 필요없는 산속

세상사 늘 내 뜻대로 되지 않았고 늘 부족한 것이 인생살이 였거늘

지금 있는 곳에서 지금 하는 일

구름이 흘러가다 사라지듯 그렇게 가는 것이 인생살이 였거늘

여유롭게 사는 사람

한가롭게 사는 사람

너무 부러워하지 않기로 한다

그놈의 인생 한조각 구름이더라

동해안 쪽 구름은 유난히 여유롭다

저 구름에게 여유를 빌리고 싶다

마음과 몸의 합의 하에 같이 날다 그냥 헤어지고 싶다

잠시 세속과 있어 봄직하다

밤하늘에 별을 보니 별천지

무념무상

오늘 하루가 구름처럼 별처럼 유유자적이다

운수 좋은날 茶山길 (2019년 5월 21일)

그 길이 그 길 아니네

8년 전 걸었던 그 길인데 그 길이 아님을 알았다

내 몸도 그 몸이 아님을 알았다

몸과 마음의 합의하에 큰맘 먹고 나선 茶山길이다

하늘이 푸르니 산도 강도 푸르다

덤으로 내 마음도 푸르다

오늘같은 날은 운 좋은 날이다

고맙다 하늘아 강아 바람아

남한강 강변은 사철 걷기에 좋다

특히 오늘은 운수 좋은 날이다

길을 나서면 가끔 이런 날을 꿈꾼다

농심이 제1장 고구마 밥상 (2019년 7월 13일)

오늘 아침도 잡초 제거

몇 꼭지 읽고 나니 졸음이다

갈수록 책이 눈에 안 온다

돌아서니 나 좀 봐 달라 손짓한 녀석

그래 봐 주마

뿌리채 뽑아 내동댕이치며

다시는 부르지 마 타이르고 돌아서니

옆 친구가 부른다

그러다 새참도 잊어버렸다

바로 中食으로 직행

잡초 제거 농심 1장 끝

농심이 제2장 오이 가지 무침 (2019년 7월 15일)

오늘도 농심이가 아침 밥상 차려준다

아침 햇살이 아니더라도

멀리서 들려오는

닭 울음, 뻐꾸기 소리에 이어 참새들

빨리 일어나라 조잘 댄다

아침이슬 듬뿍 앉은 풀들,

조찬 치고는 만찬이다

오늘은 누가 밉나 추첨 받고

농심가 부르며

오이, 토마토, 고추, 가지 보이는 대로 먹는다

농심이에게 땀방울 열릴 때,

잠시 얄미운 하늘 한 번 본다

바람도 좋고 비면 더욱 좋다!

농심이 마음 좀 읽어주라

농심이 제2장 구름아 두꼭지 끝

농심이 제3장 과일밭 요리 (2019년 7월 17일)

오늘은 단비가 오니 과수원에다 밥상을 차린다

감, 대추, 사과, 복숭아, 배, 체리, 무화과, 블루베리

역시 진수성찬이다

제멋대로 자란 잡풀들 거의 나무 수준이다

비오는 날 쏟치는 날은 옛이야기다

오늘도 과수밭에서 가지치기 잡풀메기

비가 와도 농심이는 바쁘다

비가 올려면 소낙비 수준으로 오던지

이슬비 수준에 그나마 오다 말다로 쏟치기 애매하다

농심이 이마에 땀이 주룩 때

뒤를 보니 가지런한 과수들에 미소를 짓는다

농심이 오늘은 과일요리로 배를 채우다

길을 또 묻는다 (2019년 7월 26일)

여보게 지금 어디쯤인가?

길에게 묻는다

그리고 어디까지 갈 수 있는가?

다시 묻는다

저 하늘 구름에게 흘러가는 저 강물에게

물어보라 하네

구름아 강물아 그대가 부럽구나

열 걸음 걷다 아홉 번을 돌아봐도

아홉 번 모두 아름다워 보이는 길

아름답다 좋다는 말 이외에

그 어떤 수식어를 찾지 못하고

중얼 거리며 그 길을 간다.

장맛비 그친 산속의 아침 (2019년 7월 31일)

바람과 구름의 몸부림으로

울분을 토해 낸 후

다시 찾아온 산속의

맑은 공기, 맑은 옹달샘 물

나도 바람 구름처럼

울분을 토해 내볼까?

장맛비가 씻어낸 나뭇잎처럼

어제의 날들을 씻어내고

맑은 바람과 새소리 들으며

산속의 아침을 맞고 싶다

흘러가는 구름 강물처럼

유유자적(悠悠自適)이고 싶다

농심이 제4장 다시 잡초 속으로 (2019년 8월 18일)

다시 잡초 속으로 왔다

참새들의 생활 터전이 됐다

고라니도 흔적을 남겼다

새 소리와 함께 온 아침은

반찬이 만만치 않다

사방이 잡초로 만찬장이다

무엇부터 먹을까 고민하다

수신제가 치국평천하(修身齊家 治國平天下)로 정했다

집 주위부터 정리다

만찬 시간은 아침 6시부터

1시간쯤 태양과 함께

전신이 땀으로 범벅이다

조찬 치고는 너무 벅차다

지하수 수도꼭지에 전신냉수마찰로 일과 끝이다

아침 막걸 반주는 일품이다

오늘도 그 길에서 (2019년 9월 13일)

사람들의 표정과 속도에 내 눈과 귀를 의심한다

지하철을 타기 위해 뛰고,

닫히는 문 속으로

신문을 끼우고 몸을 던진다

2분 뒤면 다른 지하철이 올 텐데 그렇게 급한가?

나는 오늘부터 1분 늦게를 설정하고

밝은 표정 짓기로 설정했다

맘의 여유를 가지고 조급해 하지도 후회도 말며

조금씩 천천히 네 빛깔의 길 따라 가기로 했다

앞뒤 그리고 옆 사람들도 보면서

확고한 신념을 가지고 좀 더디고 험하고 힘이 들더라도

한 걸음 또 한 걸음

오늘 나에게 주어진 길을 걷기로 한다

아름다운 갈림길 (2019년 12월 12일)

산 중턱쯤은 오를 수 있으리라 생각했는데

중턱도 안되고 둘레길만 찾게 되는구려

길에서 두세 정거장은 걸을 줄 알았는데

차를 타야 되는구려

불의를 못 참았는데 지금은 슬슬 피하게 되고

다 아는 줄 알았는데 알고 싶은 게 더 많아지는구려

모든 게 편해질 줄 알았는데

더 많이 배우고, 더 많이 이해해야 하고,

알아야 할게 더 많아지는구려

그동안 한두 권 모아두었던 책들을 차 한잔 마시며

읽는 즐거움이 있을 줄 알았는데

몇 꼭지 못 읽고 마네요.

인생이라는 여행길 위에서 이런 갈림길이 나오네요

그 길위에서 쉬어 갈 곳이 꽤 많았는데 아쉬움이 많네요

쉬어 갈 곳을 만나면 너무 조급해 하지말고

그때그때 충분히 쉬며 가도 늦지 않다는 걸 알겠네요

갈림길에서 아름다운 길을 찾게 되는구려

그 길과 나 (2019년 12월 15일)

새싹 난다고 걷고,

꽃 핀다고 걷고,

그 꽃 어루만지고 향내 맡으며 걷고,

그 길들에서 정이 들었고

단풍 보며 걷고,

눈보라 맞으며 걷고

그 길들에서 그리움을 만들었고

그 길들이 내 일생의 길이었고

내 인생의 한 축이 되어 남았다

그 길은 울퉁불퉁했었지

그 길은 힘 내라고 하며 위로를 주었지

요즘은 꽃피고 낙엽 지는것을 보고

아 ~ 아 꽃이 피고 낙엽이 지는구나!

그 길이 인생길이였지 하고 있다

그 길과 이별하는 순간 과거가 되고

그 과거는 아름다운 추억으로 남는다

쉬엄쉬엄 (2019년 12월 20일)

오르막 내리막길

굽이굽이 돌아온 길

외롭고 쓸쓸한 길

나그넷길, 인생길

먼 길 왔구려

그리고 그런 길을

가야 하는 구려

갈때까지 갑시다!

쉬엄쉬엄

입원 날, 퇴원 날 (2019년 12월 31일)

인공위성이 날아간다

관상동맥 혈류를 따라서 아니 마사일이다

아니다 4차원의 시대 産物 드론이 낫겠다

무인 드론을 발사한 것이다

실패는 아니지만 연료 부족으로 1차 공격을 끝내고

충전하여 다시 발사를 하니 발사체는 망가지고

혈류는 요동친다

목표를 폭파하고 정거장과 기지 구축에 성공한다

그리고 새로운 동맥 여행의 시작

술 아껴 먹고, 짠 음식 안 먹고, 걷기운동 잘하고, 규칙적인 생활,

그리고 식이요법을 찾아서

매사에 감사의 마음 지니고 새로운 항로 여행 시작

입원할 때 타고 온 드론 버리고

퇴원할 때는 새 드론으로 갈아타고 여행 시작이다

지금은 이 길이다 (2020년 1월 5일)

정해진 하나의 길은 없다
이것은 나의 길입니다 당신의 길은?
길을 물어 온 사람에게 나의 답은
정해진 하나의 길 그런것은 존재하지 않는다
자라투스트라의 말이다

올때마다 반갑고 고맙고 사랑스럽다
처음 가는 길은 더욱 그렇다
오늘 이 길 지금 이 길이 그렇다

다른 길은 현재 중요하지 않다
함께 갈 수 없는 길 이기에
십 리도 못 가서 발병 나더라도
십 리나 남았는데 얼마 남지 않았다는
거짓 위로의 말 믿고 지금 이 길을 간다
지금 나에게 주어진 길이기에

시니어, 길을 걷다

양평기행, 그리고 남양주 · 인천 · 동두천 · 춘천편

지은이 | 정만성
펴낸이 | 황인원
펴낸곳 | 다차원북스

신고번호 | 제2017-000220호

초판 인쇄 | 2020년 04월 22일
초판 발행 | 2020년 04월 29일

우편번호 | 04037
주소 | 서울특별시 마포구 양화로 59, 601호(서교동)
전화 | (02)322-3333(代)
팩시밀리 | (02)333-5678
E-mail | dachawon@daum.net

ISBN 979-11-88996-34-6 (03910)

값 · 16,500원

이 도서의 국립중앙도서관 출판예정도서목록(CIP)은 서지정보유통지원시스템 홈페이지
(http://seoji.nl.go.kr)와 국가자료종합목록 구축시스템(http://kolis-net.nl.go.kr)에서 이용
하실 수 있습니다. (CIP제어번호 : CIP2020014895)

Publishing Club Dachawon(多次元)
창해 · 다차원북스 · 나마스테